Gero von Randow

Der Cyborg und das Krokodil

Gero von Randow

Der Cyborg und das Krokodil

Technik kann auch glücklich machen

edition Körber-Stiftung

Bibliografische Information der Deutschen Nationalbibliothek

Die Deutsche Nationalbibliothek verzeichnet diese Publikation in der Deutschen Nationalbibliografie; detaillierte bibliografische Daten sind im Internet unter http://dnb.d-nb.de abrufbar.

Umschlag: Groothuis. www.groothuis.de
Cover: Getty Images / John Woodcock
Herstellung: Das Herstellungsbüro, Hamburg |
buch-herstellungsbuero.de
Druck und Bindung: CPI – Clausen & Bosse, Leck
Printed in Germany

ISBN 978-3-89684-175-9

www.edition-koerber-stiftung.de

Für Luis

Inhalt

Wir sind nicht allein

Rrrrring! Der Tag beginnt mit einem technischen Signal. Die meisten von uns lassen sich morgens von einer Maschine wecken.

Mittlerweile können wir zu diesem Zweck sanfte Töne auswählen oder ein technisches Dudelidu, Mozartmelodien, Walgesang; es gibt Wecker, die im Schlafzimmer herumrollen und erst dann aufhören zu lärmen, wenn wir sie eingefangen haben. Andere weinen wie ein Baby.

Die Digitalisierung hat aus der Weckmaschine einen anpassungsfähigen Mitbewohner gemacht. Er tut das, was wir wollen. Sein Wesen ist die Software, und die kann in unterschiedliche Körper kriechen. Die meisten Leute lassen sich von ihrem Smartphone wecken, einem Ding, das formbar ist wie Knetmasse.

Scheinbar hat unsereiner die Macht über das Ding. Die Wahrheit ist eine andere. Denn die Grundfrage lautet immer noch: Wer weckt wen? Wir sicherlich nicht den Wecker.

Aber entscheiden denn nicht wir, wann er weckt?

Wie man's nimmt. Untersuchen Sie einmal Ihre Gründe, den Wecker auf eine bestimmte Uhrzeit zu programmieren – Sie werden auf ein unentwirrbares Knäuel aus eigenen und fremden Anforderungen stoßen, auf ein Gewusel aus Müssen und Wollen.

Beispielsweise: Sie müssen um neun Uhr im Büro sein, denn Sie wollen Ihren Job behalten. Sie müssen diesen Job behalten, denn Sie wollen Geld verdienen. Sie müssen Geld verdienen, denn Sie wollen essen. Sie müssen essen, denn Sie wollen leben.

Aber wieso deswegen um sieben und nicht um acht aufstehen?

Weil Sie sich morgens nicht hetzen wollen, Sie müssen schließlich Stress abbauen, sagt der Arzt. Weil Sie noch frühstücken müssen oder wollen und dabei ins Netz schauen. Denn Sie wollen, nein Sie müssen informiert am Arbeitsplatz erscheinen. Ach so, natürlich: Sie müssen auch die Kinder zur Schule bringen. Die beginnt ihrerseits zu einer pädagogisch unsinnig frühen Stunde, weil … Und so geht es endlos weiter.

Wer verleiht also letztlich Ihrer Weckmaschine die Macht, den Tag einzuläuten? Sie allein?

Jeder Mensch lebt in einem Netz von Austausch- und Machtbeziehungen. Die Knoten in diesem Netz sind nicht nur Menschen, sondern auch Dinge. Je mehr Dinge, desto engmaschiger das Netz. Blicken Sie sich um: Das Netz ist sehr, sehr engmaschig geworden.

Die menschliche Gesellschaft arbeitet sich an Dingen ab.

Einer stellt ein Ding her, ein anderer benutzt es, ein weiterer macht es kaputt, noch jemand repariert es, wieder jemand klaut es, schließlich wird es entsorgt, recycelt und geistert selbst dann noch durch die soziale Welt, und sei es nur, weil es nach seiner Verbrennung als klimavergiftendes Atmosphärenteilchen weltweite politische Aktivitäten auslöst.

Die Gesamtheit dieser Dinge, verstanden als Knoten im gesellschaftlichen Netz, können wir auch »Technik« nennen.

Manche sprechen wegen der Komplexität lieber von »Technologie«. Andere halten begriffsgeschichtlich dagegen, »Technologie« bedeute ursprünglich die Lehre von der Technik. Kann man so sehen. Aber was ist eigentlich dadurch verloren gegangen, dass der Sprachgebrauch den Unterschied zwischen den beiden Begriffen eingeschliffen hat? Zumindest dieses Buch wird nicht pedantisch zwischen Technik und Technologie unterscheiden. Es versteht Technik durchgehend als Zusammenhang aus Wollen und Müssen, vermittelt durch Sachen. Wie diese Vermittlung funktioniert und wie wir in ihr leben, das ist das Thema dieses Buches.

Der Wecker ist, als Ding, bloß ein Krachmacher. Aber als Technologie ist er ein Taktgeber des Alltags. Er synchronisiert gesellschaftliches Leben und bringt es auf den Punkt. Morgens um sieben!

Wir gehorchen ihm. Und schalten sodann die Kaffeemaschine an. Sowie die ganze übrige Maschinerie, die uns vom morgendlichen Aufstehen an umgibt – lauter Dinge, die zugleich Routinen verkörpern: die Lampen, das Radio und die Dusche, womöglich die elektrische Zahnbürste, vom Handy oder dem Computer ganz zu schweigen. Das sollten wir uns schon einmal merken: Dinge verweisen auf Handlungen.

Überall Maschinen. Und leben wir nicht auch im Inneren einer Maschine, einer Wohnmaschine nämlich, wie der legendäre Architekt Le Corbusier unsere Häuser nannte?

Wir verlassen die Wohnmaschine, um uns in eine weitere Maschine zu begeben, eine Transportmaschine nämlich, die uns zur Arbeit bringt.

In die Arbeitsmaschine.

Der Arbeitsprozess lässt sich durchaus als maschineller Vorgang beschreiben. Gegeben sind: Arbeitskräfte, Dinge, Verfahren. Das Resultat: Dinge und Dienstleistungen sowie Individuen, die ihre Arbeitskraft verausgabt haben. Ein Input wurde nach Regeln in einen Output umgewandelt, ganz nach dem algorithmischen Prinzip, das uns in diesem Buch noch mehrmals begegnen wird.

Der Verwandlung des Inputs in den Output folgt eine Rückkopplung: Wenn der Output des Arbeitsprozesses die Prüfung durch den Markt besteht, dann ist genug Geld dafür vorhanden, dass die Arbeitsmaschine weiterlaufen kann. Das Ganze ist also eine sich selbst reproduzierende Struktur, in der die Menschen und Dinge als vermittelnde Bindeglieder operieren.

Eine Gesellschaftsstruktur.

Die Vermittlung durch Dinge hat ihre eigene Geschichte, die wir auch als Verdichtungsprozess auffassen können. Vergleichen wir die Jetztzeit einmal mit dem Leben vor ein paar hundert Jahren, wie es der Londoner Beamte Samuel Pepys im späten 17. Jahrhundert beschrieben hat. Er führte ein geheimes Tagebuch, dessen Reiz in Pepys' Liebe zum Detail besteht sowie in seiner Unerbittlichkeit, auch gegen sich selbst. Die Eintragungen vermitteln eine Ahnung von dem, was damals Alltag war: all die ergebnislosen Wege. Pepys will jemanden aufsuchen, der aber befindet sich woanders, worüber Pepys wiederum keineswegs erstaunt ist.

Wir können uns kaum mehr vorstellen, wie kompliziert es gewesen sein muss, Verabredungen ohne Telefon, SMS, *WhatsApp*, *Facebook* oder E-Mails zu treffen, abzuändern, abzusagen. Einst, als das Telefon aufkam, wurde die Sorge geäußert, es werde zur Vereinzelung seiner Benutzer führen, die nur mehr telefonieren würden, anstatt einander zu treffen: Tja, Irrtum. Man hatte die Zeitgenossen unterschätzt, denn ganz im Gegenteil wurde das Telefon bald von Teenagern, Geschäftsleuten und überhaupt von aller Welt dazu genutzt, sich zu verabreden.

Was aber konnte Pepys in seiner Zeit tun, um eine Verabredung zu treffen, abzuändern, abzusagen? Allenfalls einen Boten schicken. Was er manchmal auch tat. Aber doch nicht mehrmals am Tag! Pepys war ein vielbeschäftigter Mann, seine Aufgaben im Flottenministerium sowie als Privatsekretär bestanden in hohem Maße aus Besichtigungen und Besprechungen – unmöglich, insbesondere zu teuer, dafür ein botengestütztes Terminmanagement zu betreiben, wie man heute sagen würde.

Interessant, dass diese über Jahrhunderte währende Widrigkeit des urbanen Lebens von dessen literarischen Beobachtern ansonsten nie erwähnt wird, selbst von denen nicht, die, wie Honoré de Balzac oder Theodor Fontane, gerne ins alltägliche Detail gingen. Die Leichtigkeit, mit der wir Heutigen uns verabreden, war ihnen unbekannt. Sie lebten in einer anderen Gesellschaft als wir.

Greifen Sie sich ein beliebiges Stück Technik heraus, und nach kürzester Zeit landen Sie bei nichttechnischen Themen.

Ich gehe beispielsweise gerne zu Fuß zur Arbeit. Weil ich ein elektronisches Fitnessarmband trage. Freunde von mir finden das ganz schrecklich. Sie sehen das als Zeichen meiner Fremdbestimmung.

Ich habe das Armband darauf eingestellt, dass ich 12 000 Schritte pro Tag marschieren muss. Gelingt es mir, vibriert das Armband freudig – nun gut, es vibriert einfach nur; das »freudig« ist eine Projektion. Auch das ist typisch: Wir projizieren menschliche Eigenschaften auf Dinge, um ihr Verhalten (aber ist es ein »Verhalten«?) begrifflich zu fassen. Über mein iPhone und das Notebook synchronisiere ich die Aufzeichnungen des im Armband versenkten Schrittzählers mit einer Website, die auch mein Gewicht sowie andere Gesundheitsdaten kennt. Hin und wieder sendet sie mir lobende oder aufmunternde E-Mails und SMS.

Wer herrscht hier über wen? Die Macht meines Fitnessarmbands ist nur delegiert. Ich kann es jederzeit ablegen (aber sagt nicht jeder Süchtige, er könne jederzeit aufhören?). Zumindest dass ich mir eine bestimmte Körpernorm zu eigen mache, nämlich einen anzustrebenden *Body-Mass-Index*, das ist nun wirklich meine eigene souveräne Entscheidung.

Obwohl – auch sie ist ein Müssen-wollen-Komplex. Unsere Selbst- und Wunschbilder sind nicht angeboren, sie sind kulturell bedingt. Fett zu sein ist peinlich, und Peinlichkeit ist ein gesellschaftlich erzeugtes Gefühl. Ärztliche Empfehlungen wiederum müssen zwar wissenschaftlich gestützt sein, doch sind auch sie in hohem Maß kulturbedingt. Und so ergibt sich, dass mein Fitnessarmband als vermittelndes Glied sozialer Beziehungen verstanden werden kann.

Für dezidierte Kommunikationstechnik wie Smartphones gilt das erst recht; in ihrem Fall ist es geradezu offenkundig. Mithilfe von Smartphones hatten sich die tunesischen Jugendlichen koordiniert, die im Januar 2011 die Avantgarde der Bewegung gegen den Diktator Ben Ali bildeten, und so geht es bis heute überall, wo Unterdrückte sich erheben. Ebenso mithilfe von Smartphones und Diensten wie *Google Maps*, *Facebook* und *WhatsApp* finden Flüchtlinge den schwierigen Weg aus entlegenen Kriegsgebieten nach Europa, entgehen sie den Gefahren, die unterwegs lauern, und helfen sie einander.

Das Smartphone, das so vielfältig genutzt werden kann, ist ein Bindeglied der Gesellschaft: Seine Benutzer spielen gegeneinander Quizduell (ohne sich deswegen persönlich kennen zu müssen), kaufen ein, treffen Verabredungen, womöglich auch für kriminelle Handlungen, bewegen sich in sozialen Netzwerken und was nicht alles. Dass sein Gebrauch zur Vereinzelung führe, ist wieder so ein Gerücht, das von der Alltagspraxis pausenlos dementiert wird.

Allzu pausenlos, könnte man sogar sagen; wer sich mal in Ruhe vereinzeln möchte, stellt sein Smartphone besser aus. Es gibt übrigens noch jemanden außer mir, der die Vereinzelungsthese für Unsinn hält: Das ist der Staat. Seine Überwachungsapparate behandeln das Smartphone ganz im Gegenteil als idealen Sensor dafür, wie sich bestimmte Personengruppen vergesellschaften.

Es erweist sich, dass soziale Technikanalyse recht schnell unübersichtlich werden kann. Die Gesamtheit der Sozialbezüge einer bestimmten Technik sieht nicht geordneter aus als eine Schüssel voller Spaghetti.

Dieses Buch stellt Ihnen daher ein Schema vor, die Stufen der Beziehung von Mensch und Technik ein wenig zu sortieren. Das Schema erhebt gewisslich nicht den Anspruch, eine Philosophie der Technik zu sein. Aber es hilft womöglich, unser Leben mit der Technik etwas besser zu begreifen. Sein Zentralbegriff heißt Immersion. Das Wort stammt aus dem Lateinischen, *immersio* bedeutet »das Eintauchen«. Der Mensch ist in die technische Welt eingetaucht, die er sich errichtet hat.

Das muss erklärt werden. Vor der Epoche des Werkzeuggebrauchs waren unsere Vorfahren der vorgefundenen Natur unterworfen, wie alle anderen Lebewesen auch. Totale

Immersion. Als dann einige Primaten begannen, die Natur zu manipulieren, mit Feuer, Jagdspeeren, Steinwerkzeugen, wurden sie dadurch zwar nicht von ihr unabhängig, wie denn auch, aber doch autonomer.

Autonomie bedeutet wörtlich: den eigenen Gesetzen folgend. Es ist ein Maßbegriff. Nichts und niemand ist vollständig autonom, denn das hieße ja: vollkommen unbeeinflusst, absolut isoliert. Also ohne jeden Energieaustausch mit der Außenwelt. In unserem Universum existiert so etwas nicht (man ist sich sogar beim Universum selbst nicht ganz sicher, ob es nicht doch in einem Austausch mit anderen Universen steht). Infolgedessen: Alles ist nur mehr oder weniger autonom. Auch der Mensch, schauen Sie sich einmal in Ihrem Bekanntenkreis unter diesem Gesichtspunkt um.

Nun, und je mehr Werkzeuge die Menschen zu verfertigen lernten, desto autonomer wurden sie, desto besser konnten sie ihrer Umwelt abringen, was sie haben wollten. Sie arbeiteten sich mithilfe der Technik aus ihrer ursprünglichen Immersion in die Natur heraus.

Dann jedoch setzte etwas Erstaunliches ein: neuerliche Immersion. Diesmal in die Technik. Sie verläuft in drei Stufen; zwei davon durchleben wir derzeit, die dritte ist nur eine Möglichkeit (mit der ich allerdings rechne).

Die erste Stufe, die wir »Immersion Eins« nennen können, besteht darin, dass der Mensch sich vollständig mit Artefakten umgibt. Er baut sich ein technisches Gehäuse. Darin lebt der Mensch heute. Will er einmal unberührte

Natur erleben, muss er enorme Anstrengungen unternehmen.

In Wahrheit trifft er nirgends auf unberührte Natur. Die Niagarafälle zum Beispiel, die als Naturschauspiel bewundert werden, sind in Wirklichkeit ein Wunderwerk der Ingenieurskunst; ohne aufwendige Konstruktionen aus Stahlbeton sowie das Kraftwerk an ihrem Rande existierten sie schon längst nicht mehr. Wer die Regenwälder des Amazonasgebiets überfliegt, wird nach der Landung auch nicht mehr von Unberührtheit sprechen wollen, sondern von Gefährdung durch Brandrodung und Goldbergbau. Karibische Inseln sind oft mit künstlichen Sandstränden versehen, Wälder werden gepflegt und Wanderwege angelegt, und wenn man die Sache gänzlich zu Ende denkt, dann machen Klimaveränderung und Umweltverschmutzung ohnehin jeden Ort der Erde zu einem technisch veränderten Gebiet. Wer über die heutigen Lebensformen des Menschen nachdenken will, muss sich infolgedessen mit seinen Dingen beschäftigen.

In den vergangenen zwei, drei Jahrzehnten hat sich ein Forschungszweig der Kultur- und Geschichtswissenschaften herausgebildet, der die Dingwelt des Menschen umkreist. Er ist weithin unter seinem englischen Namen *material studies* bekannt. Die Forscher können aus den Traditionen der Ethnologie und Archäologie schöpfen, die seit eh und je viele ihrer Schlüsse aus Artefakten ziehen, also aus hergestellten Sachen, von Sakralgegenständen bis hin zu Alltagsdingen.

Letztere haben es den Autoren der *material studies* besonders angetan. Sie schreiben über Bleistifte, Küchengeräte, Fernbedienungen und so weiter; das kann manchmal unterhaltend sein, in anderen Fällen ist die Vollständigkeit der Untersuchungen ihr einziger Vorzug. Wirklich interessant wird diese Forschung, wenn sie etwas über das menschliche Verhalten ausfindig macht: wenn sie die Dinge, die uns umgeben, als Medien begreift, als Zwischenglieder in einem Netz von Handlungen. Ein besonders instruktives Beispiel dieser Literatur ist das Buch *Am Beispiel der Gabel* von Bee Wilson, das die Koevolution des Kochens, Essens und der zugehörigen Technik beschreibt.[1]

Alle Artefakte stehen in einem Handlungszusammenhang. Nennen wir eine Handlung H_n und ein Ding D_n, dann sagt uns die Formel $H_n \rightarrow H_{n+1}$, dass eine bestimmte Handlung eine andere auslöst. Beispiel: Sie grüßen, ein anderer lächelt Sie an. Und die Formel $H_n \rightarrow D_n \rightarrow H_{n+1}$ beschreibt, dass eine Handlung ein Ding hervorbringt, das wiederum eine andere Handlung auslöst. Beispiel: Sie hupen, und jemand springt von der Fahrbahn. In diesem Fall ist das Ding D_n ein vermittelndes Glied zwischen Handlungen, es ist ein Medium.

Die leicht kompliziert wirkende Indizierung von H und D mit n und n+1 soll lediglich daran erinnern, dass diese Formeln miteinander verkettet werden können, verknüpft zu Netzen aus vielen verschiedenen aufeinanderfolgenden H und D. Das gesellschaftliche Leben lässt sich als Netz aus Beziehungen beschreiben, dessen Knoten Handlungen und Dinge sind und die entweder per $H_n \rightarrow H_{n+1}$ oder $H_n \rightarrow D_n \rightarrow H_{n+1}$ miteinander verbunden sind.

Na gut, und jetzt, wo wir das wissen, merken wir es uns und können die Indizierung auch wieder weglassen.

Das Verdienst des *material turn* in den Kulturwissenschaften besteht darin, den Blick auf die D-Glieder gelenkt zu haben. Vor mir liegt ein 700-seitiger Wälzer, *A History of the World in 100 Objects*, herausgegeben vom British Museum.[2] Der Band präsentiert beispielsweise eine »lackierte chinesische Tasse aus der Han-Zeit« oder ein »goldenes Lama der Inka«. Das Buch ist ein schönes Beispiel dafür, dass Dinge mehrere soziale Funktionen zugleich ausüben können. Denn zum einen ist es eine populäre Vermittlung von Archäologie und Geschichtswissenschaft, zum anderen ist es selbst ein sozial hochgradig besetztes Objekt, nämlich ein *coffee table book*, gedruckt auf schwerem Papier. Es ist eindeutig als Gegenstand demonstrativer Beschäftigung gestaltet worden, als Buch von der Sorte, die man scheinbar achtlos so auf dem Sofatischchen liegen lässt, dass die Gäste es bemerken. Vielleicht knüpfen sie ja eine Unterhaltung daran? Dann ist das Buch, das Ding, ein *conversation piece*, und mehr HDH geht nun wirklich nicht.

Das Buch erinnert mich wiederum an ein weiteres Buch (also an noch ein Ding!): Es heißt *Theory of the Leisure Class*, ist im Jahr 1899 erschienen und wurde verfasst von dem amerikanischen Ökonomen und Soziologen Thorstein Veblen.[3] Dieser zählt in einer Passage seiner Studie die Zeichen ostentativer Muße auf, die zu seiner Zeit, also um die vorvorherige Jahrhundertwende, die »feinen Leute« vom Rest der Welt abhoben: »quasigelehrte oder quasikünstlerische Leistungen sowie Kenntnis von Vorgängen oder Ereignissen, die nicht direkt zum Fortkommen der Menschheit beitragen ... Kenntnisse toter Sprachen oder okkulten Wissens, korrekter Orthographie, Syntax und Aussprache, vielerlei Formen von Hausmusik, Kleidung, Möbeln, Kutschen, Spielen, Sportarten sowie der Züchtung von Luxustieren wie Hunden und Rennpferden«. Sinn und Zweck der Pflege dieses müßigen Wissens hätten sich vom ursprünglichen Motiv abgelöst, es diene nur noch »dem Beweis unproduktiver Zeitverwendung feiner Leute« – eben der *leisure class*.

Dinge als soziale Zeichen sind seit Veblen zum Gegenstand eines ganzen Zweiges der Soziologie geworden, dem der Stoff nicht ausgeht. Der sozialrepräsentative Dingfetischismus unserer Tage heftet sich an Fahrräder, an Espressomaschinen, Uhren, Wein und was nicht alles. Porsche-Fans treffen sich jährlich in einem Zuffenhausener Konzertsaal zur »Porsche Sound-Nacht«, um das Röhren ihrer angebeteten Fahrzeuge anzuhören, BMW bietet wiederum eine »Nacht der weißen Handschuhe an«, in der das Publikum Edelkarossen befingern kann.

Und was ist zum Beispiel von Leuten zu halten, die darauf bestehen, nur mit einem ganz besonderen Schrubber ihren Haushalt rein zu halten, wie er im *Manufactum*-Katalog angeboten wird? »Sein Korpus aus unbehandeltem Schweizer Buchenholz ist nicht flächig mit Borsten ausgestattet«, heißt es da, »sondern in zwei Reihen ringförmig mit einem sogenannten Unionbesatz bestückt. Union nennt man ein Gemisch von Naturfibre – Säure, Lauge und Hitze widerstehenden, äußerst elastischen Agavenfasern – und Bassine, den kräftigen Blattfasern der Sagopalme.«

Putzlappen, Duschköpfe, Weinkühlschränke, in unserer Epoche der Sachenverherrlichung existiert kaum eine Gattung von Haushaltsgegenständen, die nicht oberhalb ihrer normalen Vertreter eine Adelsklasse aufweist, handgefertigt aus seltenen Materialien etwa, oder mit einer überschüssigen Präzision funktionierend, wie sie ansonsten allenfalls industrielle Höchstleistungsapparate aufweisen.

Den Höhepunkt des Fetischismus allerdings stellt die sogenannte Autostadt bei Wolfsburg dar. Die ist eine Art Themenpark rund ums Auto, vor allem aber bietet sie den Kunden des VW-Konzerns die Auslieferung eines neuen Autos als sakrale Handlung an. Zuvor können sie in einem Fünfsternehotel auf dem Gelände einen Abglanz von Luxus genießen und in einem Dreisternerestaurant mit Champagner anstoßen. Eine als Ausstellung getarnte Propagandastrecke lockt sie mit interaktivem Gedöns; wenn sie die museumspädagogische Zone wieder verlassen, halten ihre gewaschenen Gehirne den Erwerb eines Autos für eine umweltrettende Tat. In einem linsenförmigen Flachgebäude umwandert das Publikum stumm vor Staunen einen komplett verspiegelten Bugatti Veyron 16.4, als sei er das goldene Kalb; treffend beschreibt der offizielle Prospekt die Wirkung des Objekts: »Die harmonischen Flächen und strukturierten Linien des eleganten Fahrzeugs werden zur

Reflexionsfläche für den Betrachter, dem der Eindruck vermittelt wird, in die Installation hineingezogen und damit selbst auf Zeit zum Teil des Kunstwerkes zu werden. Nicht nur die perspektivischen Grenzen des Raumes verschwimmen, sondern auch die Grenze zwischen Objekt und Betrachter.«

Ein Sog ins Zentrum. Und das Zentrum ist, nun ja, ein Auto. Es ist so beschaffen, dass sich die Leute in ihm bespiegeln können. Im Fall des umwanderten Bugattis sogar im Wortsinn, aber auch im übertragenen, denn was die Leute dort erblicken, ist ihr Realität gewordener Traumgegenstand.

Technik nimmt teil an der Gesellschaft und trägt deren Züge, bis in ihre Einzelteile, die Oberflächen, das Innenleben. Zuweilen ist das offensichtlich, etwa im Fall des iranischen Atomprogramms: Welche Anlagen und Verfahren können ausschließlich zivilen, lediglich militärischen oder eben doch beiden Zwecken dienen *(dual use)*? Da muss man ins technische Detail gehen, um politisch richtigzuliegen.

Das gilt ebenso für die Technik der Arbeitsprozesse, die mit Genauigkeit analysiert werden muss. Sie ist sowohl die Widerspiegelung der Interessenkonvergenz aller am Unternehmen Mitwirkenden als auch ein Kompromiss ihrer widerstreitenden Interessen. Betriebsräte kennen das: Wenn sie eine Vereinbarung über Technik im Betrieb abschließen wollen, dürfen sie keine Einzelheit übersehen. Sie wissen, dass Technik in jedem Fall nach Interessen gestaltet wird und nicht einfach einer dinglich vorgegebenen Rationalität folgt.

Weshalb die Grundfrage aller Technologiepolitik lautet, ob und wie die Technik selbst gestaltet werden soll, die Schrauben, die Rädchen, die Bits. Das kann eine Lebensfrage sein. Spätestens das 20. Jahrhundert mit seinen Panzern, Gasangriffen und Atombomben, seinen Chemieunfällen sowie der klimaschädlichen Öl- und Kohleverbrennung hat die Frage dringlich werden lassen, was die Kriterien einer ethischen Gestaltung der Technik sein sollen. In der Formel HDH, so spielerisch sie anmuten mag, steckt auch tödlicher Ernst.

An diese Formel schließt sich zwanglos die Frage an, wie es um andere denkbare Kombinationen von Dingen und Handlungen bestellt sein mag, also DHD. In ihr wären die menschlichen Handlungen eine Vermittlung der Dinge. Ein Übergangsmoment innerhalb einer Dingwelt.

Kann man es so sehen? Der Mensch als Diener der Dinge? In unserer heutigen Welt doch eher nicht. Wenn jemand sich als Sklave zu den Dingen verhält, dann ist das entweder eine individualpsychologische Störung oder der äußere Schein einer perversen Sozialbeziehung, etwa im Fall des Markenklamottenwahns oder des Gadget-Fetischismus, deren aktive Glieder aber doch immer noch Menschen sind, zwischen denen die Dinge nur vermitteln: HDH. Und selbst wenn wir soziale Netze wie *Twitter* oder *Facebook* als digitale Dinge verstehen wollten, die Handlungen anregen, an deren Ende Postings stehen, also wieder digitale Dinge – selbst dann haben wir es nicht mit materiellen Strukturen zu tun, die einen eigenen Willen ausüben. Twitter und Facebook sind immer noch Unternehmen, deren Zweck Gewinn ist.

Nein, DHD ist keine Formel für die Welt von heute. Sie wird immer noch mit HDH richtig beschrieben. Allerdings hat sich etwas verändert, nämlich die Art der Immersion des Menschen in die Dingwelt. Mit der Digitalisierung hat sich der kommunikative Charakter der Dinge voll herausgebildet. Digitaltechnik ist Kommunikation: Input, Verarbeitung, Output. Zwar diente jede Technik von Anbeginn auch der Kommunikation, denn sie war ja immer ein Medium des zwischenmenschlichen Austausches, aber nun ist jeder Ort unserer Lebenswelt ein Kreuzungspunkt von Kommunikationskanälen. »Immersion Zwei« überlagert gewissermaßen »Immersion Eins«.

Die digitale Phase, Immersion Zwei, steht im Mittelpunkt dieses Buches, also die Gegenwart. Sie verändert sich rasend schnell, und wir uns mit ihr.

Und sie könnte womöglich dazu beitragen, dass früher oder später eine dritte Stufe der Immersion erreicht wird. In ihr sind Mensch und Technik nur mehr Komponenten eines Gesamtsystems, das selbst Interessen, Bewusstsein und Gefühle hat, eine DHD-Welt höherer Stufe, sozusagen. Ja, das ist Science-Fiction. Aber nicht verboten.

In den nun folgenden Kapiteln wird dieses Buch Ihnen Schraubenschlüssel und Metallbaukästen präsentieren, Autos und Roboter, *Big Data* und technische Flops, die Medienkrise und das Internet der Dinge, Technikkritik und

Apokalypsen, Klima- und Bildungspolitik, Kampfdrohnen und Magensonden, Atombomben und Cyborgs – und wenn Sie das für verwirrend halten, dann haben Sie vollkommen recht. Wie sollte die inflationäre Expansion des technischen Universums, an dessen Anfang wir zu stehen scheinen, nicht verwirrend sein?

Lange habe ich überlegt, wie – abgesehen von dem vorgeschlagenen Begriffsschema – eine Systematik des Nachdenkens über Technik aussehen könnte. Bis mir klarwurde, dass es zwar allgemeine Gesichtspunkte gibt, Orte gewissermaßen, von denen aus das Sujet betrachtet werden kann, außerdem assoziative Querverbindungen, aber keine cartesische Struktur, die man nur hinauf- oder hinabzuklettern brauchte. Dafür ist es jetzt, mitten in der Turbulenz, zu früh.

Stattdessen möchte ich Sie dazu einladen, mir auf diverse Streifzüge zu folgen, Abschweifungen inbegriffen, auch auf unbekanntes oder spekulatives Terrain. Am schönsten wäre es, wenn diese Pfadfinderei Sie zu eigenen Assoziationen und Erkundungen anregen würde.

Das Buch, das Sie in den Händen halten, ist auch so ein HDH-Ding, nicht wahr?

Unsere Dinge

Alle Objekte sind Zeichen.

Gegen diese Behauptung ließe sich einwenden: Was ist mit Dingen, von deren Existenz wir nichts wissen oder die wir mal anschauen und dann wieder nicht, wie zum Beispiel den Mond?

Nun, es ist nicht die Rede von allen *Dingen*, sondern von allen *Objekten*: Das sind Dinge immer dann, wenn und solange sie Gegenstände für uns sind. Dann sind sie auch Zeichen. Wenn Sie in der Landschaft einen Baum sehen, so kann er auf vielerlei hindeuten: Jahreszeit, Himmelsrichtung, Standort, Geländetyp, Landschaftspflege, Obstbau. Er kann Gefühle hervorrufen, Erinnerungen an Kunstwerke, an Begebenheiten. Sobald Sie sich auch nur irgendwie mit dem Baum beschäftigen, ist er etwas, das auf ein Drittes hindeutet. Und sei es nur, dass Sie ihn sehen und darauf achten, nicht dagegenzulaufen.

Es genügt sogar, dass Sie ihn erblicken und als Baum erkennen: Er weist dann auf den Begriff »Baum«.

Und was ist mit dem Mond? Wenn der Wanderer ihn betrachtet, erinnert er sich vielleicht an ein Volkslied, der Abergläubische checkt sein Mondhoroskop, und der Astronaut denkt sich: »Da will ich hin.«

Woraus folgt, dass die Zeichenbeziehung immer konkret ist. Sie ist stets ein Dreieck mit den Seiten Wahrnehmender – Zeichen – Bezeichnetes, und sie ist stets eine Aktivität, denn der Wahrnehmende stellt die Beziehung des Zeichens zum Bezeichneten her. Man kann dieses Dreieck auch als Grundeinheit der Gesellschaft ansehen, als Sozialatom. Es ist genau genommen nichts anderes als die im vorigen Kapitel beschriebene HDH-Beziehung, denn das Bezeichnete, mag es auch ein Ding sein, mündet stets in eine Handlung (auch ein Gedanke ist eine Handlung).

Wir haben mit Beispielen begonnen, die recht schwierig waren, nämlich mit Naturgegenständen. Weshalb nun zur Entspannung etwas Simples folgt. An ihm werden wir freilich noch mehr erkennen. Es handelt sich um einen Schraubenschlüssel.

Seine Größe verrät, wofür Sie ihn brauchen, für den Haushalt etwa, oder fürs Fahrrad. Vielleicht für Ihr Auto – allerdings wohl nur wenn Sie einen Oldtimer fahren; in dem Fall besitzen Sie vermutlich Schlüssel unterschiedlicher Größen, womöglich nicht nach Millimetern, sondern nach Zoll bemessen, wenn es ein britischer oder amerikanischer Klassiker ist. An neueren Autos herumzuschrauben ist hingegen spezialisierten Werkstätten vorbehalten. Da hat sich viel verändert in den vergangenen 30 Jahren.

Man kann lange über einen Schraubenschlüssel nachdenken.

Nehmen wir ihn in die Hand. Wiegt er schwer? Dann handelt es sich um ein Profiwerkzeug, vielleicht ist er auf einer Seite sogar als Ringschlüssel mit Ratschenmechanismus konstruiert: Billig ist das nicht. Sie besitzen so was entweder von Berufs wegen oder weil Schrauben Ihr Hobby ist.

Oder ist er leicht, klein und fein? Sind Sie womöglich Modellbauer? Für Sherlock Holmes jedenfalls wäre Ihr Schraubenschlüssel mehr als ein bloßes Metallding, er enthielte Mitteilungen über Sie. Er wäre ein Medium.

Es war ein deutscher Philosoph namens Hegel, der – interessanterweise in einem Buch über *Die Wissenschaft der Logik* – auf eine besondere Eigenschaft von Werkzeugen hinwies:[4] Er schrieb sinngemäß, dass sie zwar nur Mittel zum Zweck seien, dennoch aber etwas »Höheres« als der Zweck, weil sie ihre Anwendung überdauerten (offenbar war Hegel kein Heimwerker – aber im Prinzip hatte er damit schon recht). »An seinen Werkzeugen«, ergänzte Hegel noch, »besitzt der Mensch die Macht über die äußerliche Natur, wenn er auch nach seinen Zwecken ihr vielmehr unterworfen ist.«

Der Mensch, ein Naturwesen, attackiert die Natur mit seinen Werkzeugen. Werkzeuge können daher auch als Symbole der Macht verstanden werden;[5] sie nehmen teil an der Gewaltsymbolik, die allem Künstlichen (und damit aller Technik) eigen ist: Das Künstliche entsteht dadurch, dass der Mensch einer Umgebung etwas aufzwingt. Jedes Artefakt ist etwas Aufgeprägtes, ja selbst noch sein Material, nicht allein seine Form, ist das Produkt einer Eingriffshandlung, denn es muss gewonnen und zugerichtet werden.

Die Aura vieler Dinge knüpft an das Material an, aus dem sie bestehen. Bootszubehör aus poliertem Messing zum Beispiel weckt maritime Assoziationen, und Zinngeschirr lässt an fern vergangene Zeiten denken. In seinem legendären Buch *El Muqqadima* beschreibt Ibn Khaldoun, ein maghrebinischer Gelehrter des Spätmittelalters, die (nach seiner Ansicht »absurde«) Legende von der kupfernen Stadt.[6] In der Wüste am Westrand Marokkos gelegen, soll sie vollständig aus Kupfer bestehen oder bestanden haben, sämtliche Alltagsgegenstände inbegriffen. Ihre kupfernen Tore seien verschlossen gewesen, und wenn Reisende die Zinnen erklommen hätten, seien sie für immer hinter den Metallmauern verschwunden: ein Maschinenmoloch.

Nicht Gold, Kupfer. Das Wort allein schon klingt, als schlage jemand gegen ein Blech. Kupfer! In der Lyoner Küche des legendären Meisterkochs Paul Bocuse hängen unzählige Töpfe, Kasserollen, Pfannen aus blinkendem Kupfer von der Decke. Sie müssen ohne Unterlass geputzt und poliert werden. Das Metall ist Zierde und Arbeitsgegenstand, Mittel der Disziplinierung von Küchenhilfen und Kommis, Instrument der Repräsentation gastronomischer Gediegenheit. Seine Wärmeleitfähigkeit sichert ihm einen Platz in der Küche, seine elektrische Leitfähigkeit wiederum macht es zum Verbindungselement unserer technischen Welt.

Jede Kultur hat ihre emblematischen chemischen Elemente; zu den Superstars von heute zählen neben dem Kupfer das Eisen und das Silizium.

Wenn das Material seine spezifische Form angenommen hat, ist die Einpassung des Objekts in die Gesellschaft damit noch nicht abgeschlossen. Oft werden seine Funktionen erst definiert, wenn die Form schon längst gefunden ist. Die Form eröffnet nur einen Möglichkeitsraum, nun muss noch die Routine, die Gewohnheit der Handhabung dazukommen, damit das Objekt auch seine Funktion verliehen bekommt.

Etliche der Objekte, die Teil unserer Zivilisation sind, sind nur über lange Zeit zu dem geworden, was sie heute darstellen. Sie haben sich mit ihren Handlungszusammenhängen und Bedeutungen erst allmählich in die Welt eingepasst.

In seinem Hauptwerk *Über den Prozess der Zivilisation* erläutert Norbert Elias das am Beispiel der Esswerkzeuge: »Weder Löffel, noch Gabel, noch Serviette werden einfach, wie ein technisches Gerät, mit klar erkennbarem Zweck und deutlicher Gebrauchsanweisung eines Tages von einem Einzelnen erfunden; sondern durch Jahrhunderte wird unmittelbar im gesellschaftlichen Verkehr und Gebrauch allmählich ihre Funktion umgrenzt, ihre Form gesucht und gefestigt. Jede noch so kleine Gewohnheit des sich wandelnden Rituals setzt sich unendlich langsam durch, selbst Verhaltensweisen, die uns ganz elementar erscheinen oder ganz einfach ›vernünftig‹, etwa der Brauch, Flüssiges nur mit dem Löffel zu nehmen; jeder Handgriff, die Art z. B., in der man Messer, Löffel oder Gabel hält und bewegt, wird nicht anders, als Schritt für Schritt standardisiert.«[7]

Zu ergänzen wäre allerdings, dass nicht jedes technische Gerät einfach nur »mit klar erkennbarem Zweck und deutlicher Gebrauchsanweisung eines Tages von einem Einzelnen erfunden« wird und sich darin die Geschichte seines Gebrauchs erschöpfe; selbst der Anwendungsraum komplizierter und zweckorientierter Technik wandelt sich mit der Benutzung. Denken wir nur an den Einsatz von Plattenspielern im DJ-Pop oder von Computern als Fernsehgeräte.

Während ich dies schreibe, fällt mein Blick auf etwas Merkwürdiges.

Vor mir steht ein kartenspielgroßes Kästchen, in dem sich eine Mikro-Ratsche befindet, auf die ich rund 20 verschiedene Steckschlüssel und andere Aufsätze zum Lösen oder Festdrehen von Schrauben klipsen kann. Ich kann mich an dem kompakten Besteck nicht sattsehen. Ist auch ganz schön schwer für seine Größe. Toll.

Wieso toll?

Weil es meine Phantasie anregt. Ich stelle mir vor, dass irgendein technisches Problem auftaucht, und ich hole siegessicher mein Kästchen hervor und sage: Kein Problem. Ein schönes Gefühl.

Wieso siegessicher, wieso ein schönes Gefühl?

Es ist ein Machtgefühl. Das Kästchen ist ein Symbol für meine Macht über die Dinge, als wäre es direkt Hegels *Logik* entsprungen.

Als Kind besaß ich einen Metallbaukasten, mit dem ich Dinge konstruieren konnte, die irgendwie erwachsen aussahen. Kein Babykram aus Holz oder Plastik, sondern Blech, Schrauben, Muttern, Zahnräder, Wellen. Damit schraubte ich Kräne und Seilwinden zusammen. Später baute ich Elektromotoren, dann Radios. Was war das? Es war Arbeit. Genauer gesagt, eine freie, zwanglose Form von Arbeit. Das Wort »Hobby« (oder gar »Steckenpferd«) verschleiert den subversiven Anteil solcher Tätigkeit. In ihr zeigt der Mensch, dass er auch ohne Zwang produzieren kann. Kennt man ja normalerweise nicht in einer Welt, in der die meisten Leute ihre Arbeitskraft verkaufen müssen und sodann Chefs unterworfen sind.

Andererseits – es gibt auch Hobbys mit eher zwanghaftem Charakter, etwa wenn jemand den Kölner Dom aus Zahnstochern nachbaut. Wie ohnehin das Wort »Freiheit« im Zusammenhang mit Technik etwas Schillerndes hat. Nehmen wir nur die Digitaltechnik, die dem Ideal freien Erfindens am nächsten kommt, denn wer programmiert, der wählt pausenlos aus mehreren Möglichkeiten, einer Sache Befehle zu geben. Andererseits existiert kaum eine Tätigkeit, die strengeren Regeln unterliegt als das Programmieren. Es hat eine Familienähnlichkeit mit der Arbeit von Mathematikern: Kreativität ist von Vorteil, nur müssen sich die Einfälle an formale Vorgaben halten, außerdem an inhaltliche Verbote. Man darf zum Beispiel nicht durch null dividieren. Und ein Programm, das so aussähe …

10 Drucke das Wort »Panik«
20 Drucke ein Leerzeichen
30 Gehe zu Zeile 10

… ein derartiges Programm enthielte einen unverzeihlichen Regelverstoß (erkennen Sie ihn?).

Es gibt viele Regeln. Abgesehen davon, dass ein Programm sinnvoll, frei von Widersprüchen und unendlichen Schleifen sein muss, außerdem noch so geschrieben, dass auch die Mitmenschen die Namen der Variablen und die Kommentierungen verstehen, soll es überdies mit den Ressourcen der Anwender sorgsam umgehen, also mit Energie, Material, Zeit – ja, auch mit ihrer Geduld, Aufmerksamkeit und Frustrationstoleranz … und das ist, oje, immer noch nicht alles. Denn es muss wie immer schon vorgestern fertig und getestet und verpackt und ausgeliefert sein, ohne große Kosten, versteht sich. Billig, schnell und gut, das satanische Dreieck. Alle drei Kriterien sind nicht zu erfüllen, mindestens eines bleibt unerreicht – ein Unmöglichkeitssatz, eine Quelle für Stress unter Programmierern.

Freiheit? Ein relativer Begriff. Nicht anders als Autonomie.

Das Kind, das aus Knetmasse Kuchen oder Tiere oder Bauwerke formt, kann in gewisser Weise freier konstruieren als sein größeres Geschwisterchen, das mit einem Metallbaukasten zugange ist, dessen Elemente strengeren Gesetzen unterliegen. Mit den metallenen Bauteilen lassen sich indes Kräfte übertragen und Bewegungen erzeugen, die ihrerseits zusätzliche Freiheitsgrade bedeuten. Das zu erfahren ist ein wichtiger Lernvorgang: Disziplin kann Freiheit erzeugen. Metallbaukästen üben ihren Reiz deshalb aus, weil sie die leichte, spielerische Kinderwelt an die eisenschwere Erwachsenenwelt heranrücken lassen, an die Welt der ehernen Gesetze, in der sich das Individuum dennoch autonomer bewegt als unter den Erziehungsbedingungen der Kindheit.

Doch wie immer kommt es auf den Kontext an. Die Nazis beispielsweise hatten in die Berufsausbildung der Metallberufe einen Grundlehrgang namens »Eisen erzieht« eingeführt, ein Spruch übrigens, der auch nach 1945 noch lange Zeit in deutschen Lehrwerkstätten umging. Und so sinnvoll es im Prinzip auch ist, als Angehöriger eines Metallberufes einmal die Erfahrung mit der Widerständigkeit des Materials sowie mit der Unwiderruflichkeit bestimmter Bearbeitungsfehler gemacht zu haben, indem man wochenlang an Metallklötzchen herumfeilte, so repressiv ist die zugrundeliegende Idee, Lehrlinge erst einmal ein gutes Jahr lang mit derartiger Arbeit zu quälen, um sie gefügig zu machen.

Erfreulicherweise überspringen Metallbaukästen diese Phase. In ihnen sind alle Einzelteile bereits gefertigt, das Konstruieren kann beginnen.

Die historische Metallbaukastenforschung ist sich immer noch ein wenig uneins, wer denn als Erster die geniale Idee hatte, auf jeden Fall war sie ein Welterfolg.

Im Jahre 1901 wurde der Metallbaukasten »Meccano« in England patentiert. Als 1914 der Erste Weltkrieg begann, wurde die Berliner Filiale des englischen Herstellers als Feindvermögen eingestuft und beschlagnahmt, bis dann die deutsche Firma Märklin die Schutzrechte und alles, was sich im Materiallager befand, käuflich erwerben durfte. Der Baukasten hieß gleichwohl weiterhin Meccano; erst von 1919 an »Märklin-Baukasten«. Nun setzte auch in Deutschland in großem Stil die Industrialisierung der Kinderzimmer ein. Sie sollte fast ein Jahrhundert überdauern.

Ende 1999 stellte Märklin die Produktion der Metallbaukästen ein; diejenigen in der Firma, die den traditionsreichen Klapperkram mit Digitaltechnik und Computern aufmotzen wollten, hatten die betriebsinterne Schlacht gegen die Kaufleute verloren. Meccano indes lebt weiter, gehört heute einem kanadischen Konzern und bietet unter anderem einen App-gesteuerten Roboter zum Selbstbau an.

Kriegsgeschehen, Industriegeschichte, Wirtschaftskonkurrenz, Globalisierung, Digitalisierung – alles ist in diesem Kasten enthalten.

Baukästen sind Jungenspielzeug, Puppen Mädchenspielzeug. Woher das kommt, bleibt umstritten. Studien in Kinderkrippen sollen gezeigt haben, dass Jungen sich typischerweise auf Kräne, Autos und Werkzeug stürzen, Mädchen auf Stofftiere und Puppenküchen. Das ist aber nicht die ganze Geschichte. Die Spielzeugverteilung ist nicht immer freiwillig; oft schnappen die Jungs den Mädels die angeblichen Jungssachen weg, und die Mädchen bekommen das, was übrig bleibt. So jedenfalls wollen Sozialpsychologen es beobachtet haben.

Elektrische Eisenbahnen waren lange Zeit das ideale Jungengeschenk. Warum?

Eisenbahnen sind nicht einfach ein Ensemble aus Schienen, Loks und Waggons. Sie sind das zentrale Element einer ganzen sozialen Welt. Der Trassenführung, ja selbst dem Schienenverlauf im Kinderzimmer liegt eine Planung zugrunde, die unterschiedliche Interessen miteinander vereinen muss. Der Zugverkehr will widerspruchsfrei geregelt werden, und zwar mit Autorität, Uniformen, Dienstmützen und Trillerpfeifen. Passagiere, Servicepersonal, Streckenarbeiter müssen gelenkt und überwacht werden, dafür gibt es Regeln sowie Sanktionen.

Es kommt die Elektrizität hinzu, sie erlaubt Fernsteuerung, raumüberwindende Macht. Außerdem ist Strom gefährlich; wer mit ihm umgehen kann, ist kein kleiner Junge mehr. Ähnlich die Spielzeugdampfmaschine: Feuer, Druck, heißer Dampf!

So wird die männliche Rolle eingeübt.

Als Schüler begann ich, mich für Elektronik zu interessieren. Irgendwann baute ich einen Mittelwellensender, der bis ins Nachbarhaus reichte, und übertrug damit R'n'B-Platten; passenderweise hieß die erste *Inside looking out* von den *Animals*, ein Gefängnissong. Mein Sender war ein Symbol meiner Macht über die Technik, ja mehr noch, ich konnte weit über hundert Meter und noch dazu durch Mauern hindurch wirken.

Machtgefühl vermittelte mir später die Beherrschung einer komplexeren Maschine. Um mit meinen ersten Computern (für Fans: *VC-20, C-64*) etwas anfangen zu können, musste ich wenigstens ein paar Befehle der Programmiersprache *BASIC* kennen. Noch cooler war es, den *C-64* mittels Maschinensprache zu programmieren: Nun hatte ich direkten Zugang zum Prozessorchip, zum Herzen der Maschine. Bald schrieb ich sogar ihr Betriebssystem um, ich war ihr Herr und Meister.

Der Sinn einer Maschine ist ja eigentlich, dass sie ihre Aufgabe erfüllt. Sie ist kein Selbstzweck, normalerweise, und tritt hinter dem Resultat zurück. Eigentlich. Wer aber mit Maschinen umgeht, für den kann das Funktionieren selbst einen eigenen Reiz bekommen, eine ästhetische Qualität. Ein milder Fetischismus liegt darin.

Er ist verbreitet. Küchenmaschinen sind ein weiteres Beispiel. Sie erlaubten es einst, dass die Frau berufstätig wurde, während zu Hause dennoch die alte Arbeitsteilung fortgalt. Heute indes sind sie Statussymbole. Namentlich für die Deutschen ist es charakteristisch, dass die Wohlhabenderen unter ihnen in sagenhaft teuren, hochtechnisierten Küchen ihr Essen zubereiten. Besserverdiener sehen sich als Besseresser, und wenn sie schon keine Besserkocher sind, so besitzen sie doch den besseren Maschinenpark.

Technik ist das Imponiermittel schlechthin. Als der Transistor aufkam, fand er seine Killer-Applikation im Kofferradio. Jugendliche konnten mit seiner Hilfe einen Geltungsraum erzeugen (später spielte der Gettoblaster diesen Prozess noch einmal durch): Die Technik diente ihnen dazu, Anerkennung einzufordern. Mein Vater übrigens baute damals einen kleinen Störsender, mit dem er die Kofferradios sabotieren konnte – Fernwirkung, Gegenmacht.

Heute sind insbesondere Smartphones und Kopfhörer repräsentative Accessoires geworden; es sieht sogar so aus, dass die Digitaluhr zurückkehrt und zum letzten Schrei wird. Jedenfalls wenn sie von Apple stammt und man auf ihr herumwischen kann. Andere bevorzugen mechanische Uhren; auch sie können beliebig teuer sein, was nicht nur an den verwendeten Materialien liegt, sondern auch an der Feinarbeit, die in ihrer Mechanik steckt. Auf dem Markt befindet sich überdies eine Uhr, deren bewegliches Element ein Kolben mit Pleuelstange und Kurbelscheibe ist.

Hier erhält das Mittel einen zusätzlichen, ja letztlich sogar dominanten Zweck, und der ist rein gesellschaftlich, nämlich die Demonstration von Luxus. Viele Grüße von Thorstein Veblen.

Das gab es in früheren Jahrhunderten natürlich auch alles. Im 17. und 18. Jahrhundert beispielsweise waren Mikroskope Trophäen fortschrittlich gesinnter Adliger und Bürgersleute, die mit ihnen so angaben wie heute die Besitzer von Luxusautos. Sie konnten mit dem Forschungsgerät ebenso wenig anfangen, wie heute jemand seinen Ferrari voll ausreizen kann. Der Vorzeigezweck ist bereits erfüllt, wenn das Funktionieren nur möglich ist; es muss nicht mehr wirklich werden.

Fast das gesamte 20. Jahrhundert über war es vor allem die sichtbare und hörbare Kraft eines Autos, die seinen Status begründete. Dass der Benzinmotor dem ursprünglich genauso leistungsfähigen Elektroantrieb den Rang ablief, hatte viele Gründe, darunter technische, jedoch auch diesen: Die Beherrschung des Explosionsmotors machte größeren Eindruck auf das Publikum. Und sie lud zu einer perfekten Männerrolle ein.[8]

In den Fünfzigerjahren, vor allem in Amerika, wandelte sich der Statuscharakter des Autos ein weiteres Mal. Nun sollte der gutverdienende Familienvater seiner Familie eine geräumige, bequeme Limousine gönnen können. Neue Karosserietechnik erlaubte fließende Silhouetten, und so unsinnig es unter technischen Gesichtspunkten auch war, Familienkutschen eine Stromlinienform zu verpassen, sie fügten sich nahtlos in eine Zeit, in der das Funktionieren auf der Arbeit, zu Hause und im gesellschaftlichen Verkehr ein anzustrebendes Ideal war.

»Alle guten Dinge haben etwas Lässiges und liegen wie Kühe auf der Wiese«, schrieb Friedrich Nietzsche,[9] und in der Tat sahen die großen Limousinen der Fünfziger- und Sechzigerjahre danach aus. Ihr Formprinzip ist bis heute nicht verschwunden, doch die Kühe sind offenbar mutiert: Viele der zeitgenössischen Autos ähneln aggressiven Monstern oder aufgeblasenen Gummitieren – das ist neu und deutet auf eine gewisse Infantilisierung des fahrenden Publikums hin.

Die Dinge, so viel lässt sich jetzt schon sagen, werden nicht nur durch unsere Gewohnheiten und Handlungsmuster definiert, sondern sie verfestigen diese umgekehrt auch. Sie sind ein stabilisierendes Element der Kultur.

Es gibt eine geistesgeschichtliche Tradition, die in diesem Fall von »Verdinglichung« spricht. Warum auch nicht. Nur muss man sich klarmachen, dass eine derartige Verdinglichung schlicht zur Kultur gehört.

Oft indes wird der Begriff der »Verdinglichung« anders benutzt, nämlich in der marxistischen Theorie und ihren verschiedenartigen Nachfolgern. Karl Marx selbst benutzte das Wort übrigens höchst selten, nämlich genau zwei Mal im 3. Band des *Kapitals*,[10] wo er sinngemäß schreibt, dass die Warenproduktion den Schein erzeuge, Ware, Geld und Kapital seien wesentlich Dinge, obwohl es sich in Wahrheit um gesellschaftliche Verhältnisse handele. Das ist zutreffend. So ist zum Beispiel das Kapital mehr als, sagen wir, eine Fabrikhalle oder ein Büro samt Materialien und Insassen. Vielmehr erwirbt jemand die Zutaten für eine Produktion, in der Hoffnung, die Ergebnisse mit Gewinn verkaufen zu können – wir haben es also mit Sozialbeziehungen zu tun. Nur eben mit Sozialbeziehungen, die sich als dingliche Zwänge geltend machen, etwa wenn »in der Maschinerie die sichtbaren Produkte der Arbeit als Beherrscher der Arbeit erscheinen«[11].

Dinge – Waren, Geldscheine, Aktien oder Maschinen – sind etwas Materielles, aber sie drücken Beziehungen aus. Jemand will etwas verkaufen, wodurch es Ware wird; mit Geld lässt sich ein Kauf vollziehen; Aktien sind ein handelbares Anrecht auf Gewinn; Maschinen dienen der Produktion: alles Sozialbeziehungen.

Gesellschaftliche Verhältnisse werden durch Dinge vermittelt, aber wer nur auf die Dinge schaut, begreift die Zusammenhänge nicht.

Technik umgibt uns nicht nur, sie entsteht in Verhältnissen, die uns eine Rolle zuweisen, und oft sieht es dann eben so aus, als sei die Technik selbst die Zuweisende. Das Fließband, das den Takt vorgibt; die E-Mails vom Chef, die sofort beantwortet werden wollen. Wir folgen den Signalen der Technik, doch hinter jedem Signal steht ein Jemand.

Nehmen wir nur die akustischen Signale. Da gäbe es zum einen jene, die als solche auftreten: Kirchenglocken, Sirenen, Weckerklingeln. Zum anderen haben wir die maschinelle Geräuschwelt; auch sie ist, anders als die natürliche, eine gewollte Welt. Knatternde Motorräder, ratternde Güterzüge, donnernde Flugzeuge sind allesamt auch Medien, mit denen Menschen miteinander in Kontakt treten. Etwa indem sich die Konstrukteure und Anwender gegen die Lärmunterworfenen durchsetzen. Womit wird für Sportauspuffe geworben? Auch mit Leistung und Aussehen, aber vor allem mit dem »Sound«. Die Konstrukteure eines Auspuffs bedienen sich zum Teil derselben Terminologie wie diejenigen, die einen Verstärker entwerfen: Hochpassfilter, Tiefpassfilter, Dämpfung und manches mehr.

Vom akustischen Design zur Komposition ist es nur ein kleiner Schritt. Unvermeidlich daher, dass sich Tonkünstler des maschinenzeitalterlichen Klangmaterials annahmen, sei es nun in der zeitgenössischen E-Musik (etwa bei Edgar Varèse oder György Ligeti) oder in der alternativen Rockszene (Einstürzende Neubauten). Ebenso zwangsläufig tauchen die optischen Signale der technischen Welt in der bildenden Kunst auf (Op-Art, Videoinstallationen).

Die Kunst bezeugt, wie sich unsere Sinnenwelt durch die Technik geändert hat.

Die genetisch bedingte Physis der Sinnesorgane ist sicherlich dieselbe geblieben wie zu früheren Zeiten. Sie wird aber im Laufe eines Lebens heute stärker beeinflusst, verfeinert und beeinträchtigt als je zuvor, sie wird moduliert – außerdem überdauert sie eine längere Zeit, wir werden älter und erleben den Verfall der Sinne. Radikal anders sind insbesondere die Sinneserfahrungen selbst, auch des Geschmacks-, des Geruchs- und des Tastsinns, ebenso der Innensinne, also der Rezeptoren im Inneren unseres Körpers, die Spannungen und Bewegungen registrieren. Mit allen diesen Sinnen nehmen wir unausgesetzt unsere Einpassung in die technische Welt wahr – denken Sie nur an eine Reise mit dem Flugzeug.

Homo sapiens ist mit Sinneseindrücken konfrontiert, die während der Evolution seiner Sinnesorgane nicht vorkamen. Dass er sich überhaupt in seiner heutigen Welt zurechtfindet, liegt daran, dass er sie selbst gebaut hat; die technische Entwicklung und seine Anpassung an sie vollziehen sich gemeinsam, wenngleich auch nicht widerspruchslos. Wo die Anpassung misslingt, verschwinden Produkte vom Markt oder werden verboten, kommt irgendwann die Polizei oder die Berufsgenossenschaft – nicht von selbst natürlich, da gibt es keine prästabilierte Harmonie, vielmehr muss alles ausgefochten werden.

Wie ja überhaupt das emsige Bauen an der technischen Welt unausgesetzt gestoppt und rückgängig gemacht wird, wenn da etwas nicht passt. Das festzustellen ist die wichtigste Aufgabe der Märkte. Man kann auch sie als informationsverarbeitende Mechanismen ansehen. Sie wären überflüssig, wenn es möglich wäre, vor und während der Produktion von Dingen alle wichtigen Informationen über den Bedarf zu verarbeiten.

Just das war die große Illusion der Marxisten. Sie unterschätzten den Eigensinn der Menschen. Mit dem Aufkommen der Computer glaubten sozialistische Ökonomen noch einmal, nun breche endlich die Zeit rationaler Planwirtschaft an – wieder ging es schief. Planwirtschaft funktioniert allein schon deswegen nicht, weil der Bedarf keine statische Größe ist. Er ändert sich beispielsweise, weil jemand unversehens auf eine neue Idee stößt oder weil die so unberechenbaren Menschen plötzlich etwas anderes wollen – oder weil eine Krise auftritt.

Weder die aufwendigste Informationsbeschaffung noch das ausgefeilteste Marketing ist ein Garant dafür, dass sich Produkte beim Kunden bewähren. Das zeigt die Technikgeschichte, die auch eine Geschichte fehlgeschlagener Innovationen ist.

Der erste Mikrowellenherd beispielsweise, 1947 von der Rüstungsfirma Raytheon auf den Markt gebracht, sah aus wie ein Industrieofen mit den Maßen eines großen Kantinenkühlschranks. Außerdem warb die Firma damit, dass Radarstrahlen das Garen besorgten. Das Trumm floppte. Es passte kulturell einfach nicht. Hausfrauenkompatibel wurde die Technik erst, als sie klein ausfiel und superpraktisches Garen mit Mikrowellen versprach: Damit bestand der Ofen die Prüfung durch den Markt.

Dem französischen Sozialphilosophen Luc Boltanski ist der Begriff der Prüfung als Instrument der Analyse von Sozialbeziehungen zu verdanken[12]. Beispiele: Sie lesen dieses Buch (was eine Sozialbeziehung zwischen Ihnen und mir konstituiert, vermittelt durch ein Ding, eben das Buch), und lesen bedeutet, diese Beziehung unablässig zu prüfen (um etwa zu entscheiden, das Buch wegzulegen oder es weiterzulesen). Oder: Sie wischen in Erwartung einer sinnvollen Reaktion auf Ihrem Smartphone herum, Sie fahren Auto, rufen jemanden an – alles enthält Prüfungen.

Vielleicht sollten wir sämtliche materiellen Dinge als Prüfinstrumente betrachten. Jeder Umgang mit Technik ist jedenfalls ein Test, was in der technischen Industrie die Idee aufkommen ließ, den Kunden überhaupt als Tester zu begreifen. Scherzhaft auch »Bananenprinzip« genannt (»reift beim Kunden«), ist dieser Gedanke prinzipiell vernünftig, denn es gibt technische Fehlfunktionen, die erst die Benutzung im Alltag enthüllt. Doch wie alles Richtige kann sich auch dies als falsch erweisen, etwa wenn sich Technikhersteller die Mühe des Testens ersparen und sie aus Kostengründen dem Kunden aufbürden wollen. Ob und wie lange sie es auch können, ist, wieder einmal: eine Machtfrage.

Die nun folgende Machtfrage besichtigen wir, indem wir aufs Land fahren. Dort stehen Windräder, hoch aufgereckt, aus der Ferne filigran, aus der Nähe baumstark, und ihre Rotoren drehen sich scheinbar langsam, jedenfalls majestätisch, elegant. Sie sagen uns: Wir sind die Energiewende zum Guten, die Alternative zum Atomkraftwerk. Sie geben uns ein gutes Gefühl.

Die Anwohner indes tragen oft ganz andere Gefühle mit sich herum. »Verspargelt« nennen sie die Landschaft, seit die Windmaschinen dort herumstehen. Grundstücke mit angeblich unverbaubarem Panoramablick sind auf einmal weniger wert. Und auch ein Allgemeininteresse nimmt Schaden: Windmasten in einst als schön empfundenen Naturpanoramen sind ein Kulturverlust.

Wer wollte das bestreiten. Zur Kulturgeschichte der Menschheit gehört der Genuss bestimmter Aussichten auf das Naturschauspiel; die Landschaftsmalerei, später auch die Fotografie haben sie immer wieder ins Bild gesetzt.

Der Schutz der hergebrachten Naturpanoramen ist ein berechtigtes konservatives Interesse. Der Klimaschutz allerdings ebenfalls. Also muss verhandelt werden, sodann entschieden, letztlich vor Gericht. Damit wäre das Thema zwar machttechnisch erledigt, aber immer noch nicht ganz begriffen. Denn das Argument mit dem Genuss unverbauter Natur hängt irgendwie schief.

Es beruft sich darauf, dass es da etwas Vorgefundenes gibt, die schöne Natur. Gewiss, die Bäume, Flüsse, Berge, Täler existieren unabhängig vom Betrachter, nicht jedoch ihr Ensemble als Panorama. Ein Anblick ohne Blick ist nicht denkbar. Und dieser Blick ändert sich. Denn der

Betrachter selbst ist ja historisch. Er hat andere Gedanken und Gefühle als alle seine Vorgänger. Ein Steinzeitmensch, der ins Tal blickte, genoss die Sicht gewisslich nicht als Erholung vom Ärger im Büro.

Weiter: Auch das Betrachtete ändert sich. Wälder sind Forste, Wiesen sind Weiden, wir sehen Zäune, Wege und vielleicht auch einmal eine alte Windmühle. Oder eben einen Windpark. Der zeitgenössische Betrachter wird seinen Anblick früher oder später in den Landschaftsgenuss einbeziehen. Wetten?

Das Argument weist über die Landschaftsbetrachtung hinaus. Es ist, wie dieses Buch ja überhaupt, prinzipiell optimistisch.

Es enthält die Überlegung, dass die Begriffe »Natur« und »Technik« ineinander übergehen. Ganz allgemein gefasst lässt sich sagen, dass Technik eine Äußerung der menschlichen Lebensform ist, und damit ist sie so natürlich wie nur irgendetwas. Hinzufügen lässt sich, dass die Natur in unserer Begriffswelt sowieso stets Gegenstand ist, ein Objekt, ein Etwas, mit dem wir umgehen, und damit wird sie auch technisch.

Diese Argumentation macht die beiden Begriffe »Natur« und »Technik« keineswegs überflüssig, nur bezeichnen sie nicht disjunkte Mengen, sondern sind Pole eines Kontinuums: Sprechen wir von Technik, dann deuten wir den praktischen Bezug an, sprechen wir hingegen von Natur, dann ziehen wir diesen praktischen Bezug von den Dingen wieder ab.

Das sind keine müßigen Begriffsspiele. An die beiden Wörter schließen sich Ideengebäude und Vorstellungswelten an, auch solche, die Erkenntnis behindern: Natur zu idealisieren und Technik gering zu schätzen ist ein Grundzug pessimistischer Romantik, dieser unvermeidlichen Begleiterin unserer technischen Welt.

Das Motiv zieht sich seit gut zwei Jahrhunderten durch die deutsche Philosophie und Literatur und zeigt sich noch heute in der Verachtung, die mancher Kultur- und Geistesmensch für Techniker, Ingenieure und Naturwissenschaftler hegt. Ja sogar für Mathematiker, die er irrigerweise für beschränkte Zahlenmenschen hält, obwohl doch die Mathematik die Wissenschaft von den abstraktesten Formen ist und damit die Geisteswissenschaft par excellence.

Heben wir noch einmal den Blick. Über den Windanlagen, was nehmen wir dort wahr? Wolken, ja. Und Flugzeuge. Nachts vielleicht ein Feuerwerk. Für Astronomen vielerorts zu viel Licht, das ihre Beobachtungen stört. Außerdem unsichtbare Aerosole technischen Ursprungs, die uns die herrlichsten Sonnenuntergänge bescheren, sowie das Kohlendioxid aus der Kohleverbrennung.

Ist das noch Natur? Technisch umgeformte jedenfalls.

Verplante und vermessene sowieso, in Gitter und Schichten aufgeteilt, für die Fernerkundung, die Klimaforschung, das Militär, die Satellitennavigation. Der Mensch hat das Himmelszelt in seinen Computern rekonstruiert. Und er wirkt aktiv auf das Aussehen der oberen Gefilde ein. Wolkenmaler gibt es seit den Zwanzigerjahren des 20. Jahrhunderts, als erstmals die Schriftzüge *Daily Mail*, dann *Lucky Strike* per Ölrauch in die Luft geschrieben wurden. Klassiker der Reklame sind auch Ballons und Luftschiffe.

Heute sehen wir Laser, die über den Nachthimmel huschen, um auf Discos aufmerksam zu machen; Lichtkunstwerke, subventioniert vom Stadtmarketing; illuminierte Großbauwerke; Feuerwerke allenthalben. Ist das nur schön? Gibt es da nichts zu bedauern? Wer einmal in unbesiedelter Gegend eine klare Sternennacht erlebt hat, kommt zu einem anderen Schluss.

Es ist ein bisschen so, als habe unsere Zivilisation vorherige Schönheiten mit neuen, ebenfalls schönen Bildern übermalt. Technik ist ein Palimpsest, ist ein Manuskript, das sich über ein anderes legt. Just deswegen haben wir technische und Naturkundemuseen, die uns die überschriebenen Schichten freilegen, damit wir die Zivilisation und ihren Werdegang als Ganzes wahrnehmen können. Aus dem gleichen Grund ist es sinnvoll, in bestimmten Gebieten die Illumination zu untersagen, damit wir den Nachthimmel besser sehen können – und auch unsere Diskussion über die Windräder muss deshalb ergänzt werden: Als museale Ausnahme sollten bestimmte Standorte, an denen der Wind weht, gleichwohl in alter Form belassen werden.

Immer wieder dreht sich alles um die Frage, wie wir mit Veränderungen fertigwerden. Dabei wurde in diesem Buch die radikalste aller technischen Veränderungen bisher nur gestreift, die Digitalisierung. Mit ihr setzte ein, was ich die Immersion Zwei nennen möchte.

Man könnte sie auch die Auflösung der Technologie nennen. Wieso?

Weil Technik als das, was der Mensch zwischen sich und das Vorgefundene schiebt, um es zu bearbeiten, so wie Hegel sie noch analysierte, nicht mehr existiert.

Und zwar aus drei Gründen.

Erstens weil es im strengen Sinne rein Vorgefundenes eigentlich nicht mehr gibt. Aber das ist vielleicht eine etwas pedantische Sichtweise.

Stärker finde ich den zweiten Grund: weil auch wir selbst durchdrungen sind von Technik. Dagegen ließe sich einwenden, das sei schon lange so, und zwar seit der Zeit, da der Mensch seine Speisen zubereitete. Stimmt schon, ist aber nichts im Vergleich mit dem zeitgenössischen *Homo sapiens*, der Kontaktlinsen trägt, Pillen schluckt und seine Schritte mithilfe eines Sensors am Handgelenk zählt.

Der dritte Grund ist der schlagendste: Die Digitaltechnik durchdringt unsere Welt in einer Weise, die sich mit technischen Begriffen allein nur noch sehr eingeschränkt beschreiben lässt. Als eine gesellschaftliche Technik wird sie nicht bloß von den Gesellschaftsmitgliedern angewendet, vielmehr besteht ihr Sinn überwiegend darin, die Handlungen der Gesellschaftsmitglieder zu beeinflussen.

Schauen wir uns das jetzt genauer an.

Unsere intelligenten Dinge

Das Mittelalter war hölzern, die Neuzeit ist metallen, aber die große Wende brachte das 20. Jahrhundert. Zunächst indem der Elektromotor die Zivilisation durchdrang, sodann indem ihre Digitalisierung einsetzte.

Wissen Sie, wie viele Elektromotoren sich allein in Ihrem Haushalt befinden (Ihr Auto, wenn Sie eines besitzen, nicht mitgerechnet)? Bei mir habe ich 30 gezählt, es sind womöglich noch mehr. Die Zahl der digitalen Schaltkreise bei uns zu Hause liegt weit darüber.

Während die Elektromotoren die künstliche Antriebskraft fein über die industriellen Gesellschaften verteilten, versieht die Digitaltechnik sie mit einer nie zuvor gekannten Flexibilität. Die Elektrizität verlieh den Dingen einen *elan vital*, die Digitalisierung hauchte ihnen eine Seele ein.

Die Ideen, die der Digitalisierung zugrunde liegen, sind viel älter als das 20. Jahrhundert. Die Digitalisierung fußt sowohl auf einer industriellen als auch auf einer geisteswissenschaftlichen Tradition.

Im späten 13. Jahrhundert ersann der mallorquinische Theologe Raimundus Lullus einen Mechanismus, der dazu dienen sollte, Moslems mit zwingender Logik von der Richtigkeit des Christentums zu überzeugen. Der Apparat bestand aus drehbaren Scheiben, hintereinander auf einer Spindel montiert, und auf dem Rand jeder Scheibe waren Symbole notiert, die für theologische Theorien oder Begriffe standen. Nun brauchte der Heide nur noch ein paar Hebel zu drücken und ein wenig zu kurbeln, und siehe da, ein zuvor ausgeklügelter Mechanismus präsentierte ihm unbestreitbare, weil demonstrierte Wahrheiten.

Dieser Mechanismus ist deswegen interessant, weil er einen grandiosen Gedanken und einen noch grandioseren Irrtum offenbarte. Die Idee maschinellen Schließens war genial, und Lullus verfolgte sie auch anhand profaner Themen. Grotesk hingegen war die Vorstellung, spirituelle Überzeugungen ließen sich durch formale Operationen wegdemonstrieren – erst recht zugunsten anderer spiritueller Überzeugungen, die noch dazu von vornherein in einen Apparat einprogrammiert waren, und zwar so offenkundig, dass die Überzeugungsmaschine etwas geradezu Lachhaftes hatte.

Dieser außerordentlichen Idee, mithilfe einer Maschine Begriffe mechanisch zu kombinieren, um daraus sinnvolle Aussagen herzuleiten, folgten auch Blaise Pascal, Thomas Hobbes sowie Gottfried Wilhelm Leibniz und viel später schließlich der Logiker und Philosoph Rudolf Carnap (1891–1970), dessen Schüler zu Pionieren der »Künstlichen

Intelligenz« (KI) wurden, sowie insbesondere der Mathematiker Alan Turing (1912–1954).

Turing zeichnete mit Papier und Bleistift eine formale Struktur, eine Art theoretischer Maschine, die mithilfe einer jeweils festzulegenden Tabelle aus Regeln eine Symbolkette in eine andere umwandelt. Die anfängliche Symbolkette kann beispielsweise für eine Aussage stehen, etwa »Aus A=B und B=C folgt A=C«, und die Maschine spuckt in diesem Fall am Ende ein Symbol aus, das für »stimmt« steht (genauer gesagt: für »herleitbar«).

Turings Maschine ist die klassische formale Definition dessen, was man unter einem Algorithmus versteht, also einem streng geregelten Verfahren, eine Zeichenfolge in eine andere umzuformen. Die »Turing-Maschine«, wie sie heute genannt wird, wies im Prinzip bereits alle Merkmale der heutigen Computer auf: Ein- und Ausgang, Speicher für Daten und Programme, außerdem einen getakteten Prozessor, der Lese-, Schreib-, Sprung- und Stoppbefehle erkannte.

Turing stellte etliche Theorien über diese Papiermaschine auf. Insbesondere wies er nach, dass sich mit ihrer Hilfe alles herleiten lässt, was überhaupt formal hergeleitet werden kann: Sie ist ein Universalcomputer. Allerdings müssen für diesen immer neue Programme geschrieben werden, denn Turing bewies ebenso, dass es kein allgemeingültiges Programm gibt, das die Herleitbarkeit sämtlicher formaler Sätze prüfen kann.

So viel zur geistesgeschichtlichen Herkunft der Digitalisierung. Nun die industrielle.

Im England der industriellen Revolution dachte sich der Mathematiker, Maschinenenzyklopädist und Erfinder Charles Babbage (1771–1871): »Es gibt wirklich keinen Grund, warum geistige wie auch körperliche Arbeit nicht mithilfe von Maschinen eingespart werden sollte.«[13] Babbage tüftelte gleichzeitig an Rechenmaschinen und an einer allgemeinen, systematischen Methode für die Entwicklung von Maschinen. Beide Projekte sollten einander befruchten.

Er entwickelte eine »Mechanische Notation«[14], eine formale Sprache zur Beschreibung von Maschinen. Mit ihr, schrieb Babbage, sei es möglich, auf dem Papier zu berechnen, ob eine Maschine funktionieren werde oder nicht (erinnert uns das nicht an Turing?). Diese Grundidee Babbages existiert noch immer fort, heute spricht man in der Industrieautomation von »Spezifikationssprachen«, sie laufen auf Computern.

Zugleich hatte Babbage den Gedanken, dass es möglich sein müsse, Maschinen zu bauen, auf denen formale Operationen laufen könnten. Er entwarf maschinelle Rechenverfahren, die teilweise parallel zueinander laufen, ermittelte deren Rechenzeit und versuchte, diese zu verkürzen: Er arbeitete ähnlich wie ein heutiger Informatiker.

Als er seinen Entwurf für eine Rechenmaschine, die Tabellen kalkulieren kann, für umsetzungsreif hielt, ersuchte Babbage um Unterstützung beim Staat, mit Erfolg. Nur war das Geld bald ausgegeben, woraufhin der Erfinder weitere Zuschüsse beantragte – nun aber für eine neue, verbesserte Maschine: einen Computer. Das gefiel den Bürokraten nicht, der notorische Querkopf Babbage indes beharrte auf dem neuen Projekt: Streit, Krach, kein Geld, Ende, aus.

Babbages *analytical engine* konnte noch nicht elektrisch sein, er wollte sie mit Dampf betreiben, und ihre Schaltungen sollten von Lochkarten gesteuert werden. Doch niemals hätte der Erfinder für die mechanischen Komponenten Hersteller gefunden, deren Fertigung präzise genug gewesen wäre. Es lag also nicht nur am Geld, dass die Maschine ein Entwurf blieb.

Aber was für einer! Ihr Erfinder hatte Ideen im Sinn, die noch heute in der Informatik aktuell sind, Sprungbefehle etwa oder eine Typisierung von Daten. Den ersten real existierenden Computer baute dann der Deutsche Konrad Zuse im Jahr 1941, aus elektromechanischen Bauelementen.

Das Denken zu mechanisieren, das hatten sowohl Lullus als auch Babbage im Sinn gehabt. Was ihnen fehlte, war geeignete Technik. Die kam erst im 20. Jahrhundert auf – mit den Relais, dann den Elektronenröhren und schließlich mit den Halbleitern. Erst diese, die elektronischen Bauteile auf Siliziumbasis, erlaubten das, was heute als Digitalisierung die Welt bewegt.

Die Durchschlagskraft der Digitalisierung beruht auf vier Eigenschaften: Allgemeinheit, Wendigkeit, Geschwindigkeit und Winzigkeit.

Allgemein ist sie, weil sie alles, was sich messen lässt, in binären Zahlen darstellt, also in Abfolgen von Einsen und Nullen (die für elektrische Zustände stehen) – die Helligkeit oder der Farbton eines Bildbereichs, die Tonhöhe und Lautstärke eines Klangs, Temperaturen, Bewegungen, Zeichenfolgen aller Art (darunter natürlich auch Wörter).

Wendig ist sie, weil sie mit Gruppen (»Vektoren«) aus diesen beiden Zahlen rechnet. Sie kann diese aufbewahren, löschen, weitergeben oder verändern, also alles das tun, was man »Informationsverarbeitung« nennt. Dass die digitalisierten Daten aus Nullen und Einsen bestehen, hat unter anderem den gewaltigen Vorteil, dass sich die Muster bestimmter Vektoren leicht in einem Meer anderer Nullen und Einsen auffinden lassen – digitale Dateien sind ideal für Suchprozeduren. Sie lassen sich auch bequem übertragen, zumal sie für die Übertragung so aufbereitet werden können, dass ihnen Übertragungsfehler nicht viel ausmachen.

Ähnliches gilt für die Speicherung: Datenträger werden alt, doch solange die Vektoren aus Nullen und Einsen identifizierbar bleiben, lässt sich der gespeicherte Inhalt ohne Informationsverlust auf einen anderen Träger hinüberschaufeln; es gibt auch Methoden, aufgetretene Lücken aufzufüllen oder sie nicht wirklich als Lücken problematisch werden zu lassen, indem der binäre Inhalt von vornherein mehrmals gespeichert wird.

Die Geschwindigkeit dieser Technik nimmt noch immer zu, und diese wird von Jahr zu Jahr winziger, sie folgt dem legendären Moore'schen Gesetz. Das Gesetz ist eigentlich keines, sondern eine Vermutung von Gordon Moore, dem Mitbegründer der Chipfirma Intel. Vor rund 50 Jahren sagte er voraus, dass sich die Zahl der Schalter (meist Transistoren) pro Chip sowie ihre Geschwindigkeit etwa alle 12 bis 18 Monate verdoppeln würden, während der Stromverbrauch des Chips konstant bliebe.

Jene Regel wurde in den folgenden Jahren immer wieder revidiert und neu formuliert. Sie beschreibt heute nicht nur die Rechenleistungen der Elektronik, sondern auch die Entwicklung der Speicherkapazitäten und Übertragungsraten. Man könnte auch sagen: Das Moore'sche Gesetz ist eines, das sich die Hardware-Industrie selbst auferlegt, um sich selbst nach der Art sozialistischer Fünfjahrespläne zu immer höherer Leistung anzustacheln.

Über die Grenzen dieser Gesetzmäßigkeit zu spekulieren ist eine regelmäßige Übung der Technischen Informatik und der ihr angeschlossenen Publizistik. Man dachte lange Zeit nur an Probleme der Chipfertigung oder an Quanteneffekte. Doch dann tauchte unversehens eine Wand auf: der Stromverbrauch.

Die Energieeffizienz der Chips hält mit ihrer Integrationsdichte nicht mehr mit. Sie laufen heiß.

Schon heute werden Chips mit ähnlichem Aufwand pro Kubikmillimeter gekühlt wie Kernkraftwerke, aber selbst das reicht in manchen Fällen nicht mehr aus. Mit der Folge, dass es unmöglich wird, sämtliche Schalter zugleich zu nutzen, die auf einem Chip hocken und auf Jobs warten – es sei denn, man wollte die Taktgeber langsamer stellen, damit die Chips nicht überhitzen.

Das Problem, seit mehr als zehn Jahren bekannt, verschlimmert sich zurzeit. Womöglich kann bald nur noch die Hälfte eines Chips arbeiten, während die andere stromlos bleiben muss, »dunkel«. *Dark silicon* ist ein im Wortsinn heißes Thema der Technischen Informatik geworden.

Chipdesigner versuchen derzeit, aus der Not eine Tugend zu machen. Untätige Areale auf dem Chip? Man kann sie nutzen, als lokalen Datenspeicher etwa, oder für Programme, die nur selten aufgerufen werden, dann aber besonders schnell operieren, weil sie spezialisiert sind: Algorithmen für die Verschlüsselung beispielsweise oder für die Qualitätsprüfung.

Das sind Möglichkeiten, mit dem Problem zu leben, nicht aber es zu lösen. Und leider gibt es mehr als diesen einen Engpass für die Hardware-Industrie, die Moore's Gesetz einhalten will.

So steigt beispielsweise der elektrische Widerstand verhältnismäßig an, den die stets kleiner werdenden Verbindungen (Drähte, Direktkontakte) zwischen den digitalen Komponenten leisten. Hier hoffen die Chipfabrikanten auf Lösungen aus der Materialforschung. Die könnte auch gleich noch einen weiteren Beitrag leisten: Hoch willkommen sind sogenannte nichtvolatile Komponenten, deren Informationsgehalt also nicht regelmäßig elektrisch aufgefrischt werden muss; die existieren zwar schon, nur bisher kostet es zu viel Zeit und Energie, sie zu schalten.

Im Herbst 2015 wurde eine neue Art Transistor vorgestellt, der 90 Prozent weniger Strom als konventionelle Schalter verbrauchen soll und Quanteneffekte von sich bewegenden Elektronengruppen nutzt; er ist aus zwei kristallinen Schichten aufgebaut, die jeweils nur eine Atomlage dick sind. Bisher ist aber auch das nur eine Laborstudie.

Sehr wenig Energie sollen die »Neurochips« vom Typ *True North* verbrauchen, denen eine Forschergruppe bei IBM nachgeht; anstelle der hergebrachten Architektur mit Prozessoren und Speichern weist ihre Hardware eine Struktur auf, die Aspekten der biologischen Gehirne nachempfunden ist. Doch fehlt diesem *neuromorphic computing* nach Angaben seiner Verfechter noch viel Grundlagenwissen; bis zur Praxis bleibt der Weg weit. Andere Forscher experimentieren mit energiearm arbeitenden Transistoren aus Nanoröhrchen, sie ersinnen Verfahren, mit Licht anstelle von Elektronenwolken zu rechnen oder gar mit subatomaren Teilchen.

Ist irgendwo auf diesem weiten Feld ein Durchbruch durch die derzeitigen Grenzen des Chipdesigns zu erwarten? Gewissheit gibt es nicht, aber erstens wurde bisher noch jede Hürde genommen, und zweitens stimmt die Vielzahl der Möglichkeiten optimistisch. Müsste ich wetten, würde ich auf Sieg setzen.

Wäre ein solcher Durchbruch denn überhaupt so fürchterlich wichtig? Ja. Über die Notwendigkeit des Wirtschaftswachstums oder seiner unterschiedlichen Formen lässt sich lange diskutieren, sein Ausfall jedoch wäre im jetzigen Weltzustand eine Katastrophe. Fiele es aber aus, bliebe die Digitalisierung mit einem großen Knirschen stehen, denn sie ist der technische Kern der Globalisierung. Wir sollten der Technischen Informatik, die an den Zäunen der Physik rüttelt, daher gutes Gelingen wünschen.

Jeder ihrer Einfälle erfordert allerdings auch eine eigene Software. Ein Wechselspiel: Neue Hardware ruft nach neuer Software und umgekehrt.

Doch weil es im Prinzip leichter fällt, etwas zu programmieren, als eine neue Hardware zu entwickeln, bestimmt meist die Software, wohin die Reise geht. Anforderungen an die heutigen Grafikprozessoren beispielsweise werden in hohem Maße von der Spieleindustrie definiert, deren Programme immer realitätsnäher werden – wenn denn die Prozessoren mithalten können.

Software kommandiert die Hardware und setzt diese in Beziehung zu den Nutzern. Ohne Hardware existiert zwar keine Digitaltechnik, aber die Innovationen, mit denen die Welt verändert wird, entstanden in den vergangenen Jahren dort, wo programmiert wurde. *Microsoft*, *Apple*, *Google*, *Facebook* – auf die Software kommt es an. Sie ist das Zentrum der Innovation.

Software besteht aus Programmzeilen, aus Befehlen an die Hardware. Diese Befehle sind nach Vorschriften verfasst, deren Regelwerke »Sprachen« genannt werden. Zu Recht? Die Frage klingt etwas akademisch, doch ist sie von höchst praktischer Bedeutung, denn sie wirft die Frage auf, mit wem der Programmierer kommuniziert, wenn er Zeilen schreibt: mit der Maschine, mit anderen Programmierern oder mit uns Usern?

Von *machine language* war schon in den späten Vierzigerjahren des vorigen Jahrhunderts die Rede, doch so richtig verbreitete sich die Sprachmetapher erst in den Fünfzigern. Damals stieg die Zahl der Computer rapide an und mit ihr die Vielfalt der verwendeten Rechner. Wurden die verschiedenen Maschinentypen bis dahin nach jeweils eigenen Konventionen programmiert, wuchs nun das Interesse an einer für alle Computer gültigen Syntax. Software wurde ein eigener Forschungsgegenstand, mit Theoremen, Beweisen und alledem – was man auch als Rückkehr zu den Ursprüngen betrachten kann, denn das Programmieren war ja als mathematisches Konzept für Papier, Bleistift und Gehirn entstanden.

Um das Programmieren von seiner Bindung an einzelne Maschinentypen zu lösen, entstanden erste »Hochsprachen«, insbesondere *FORTRAN*, *COBOL* und *ALGOL*. In diesen Sprachen codierte Programme ließen sich nun überall einsetzen, unabhängig davon, vor welchen Rechnern die Programmierer jeweils saßen. Ferner fassten diese Sprachen Einzelaktionen der Rechner zu Gruppen zusammen und gaben diesen einen natürlichsprachlichen Namen wie zum Beispiel PRINT. Mithilfe von Befehlen wie PRINT, IF … THEN und anderen ließen sich wiederum übersichtlichere Programme stricken.

Damit änderten sich auch allmählich die Kriterien für gutes Programmieren. Es sollte den vorgegebenen Zweck nicht mehr nur schnell und kostensparend, sondern auch nachvollziehbar erreichen. Grundprinzip: »Gute Programmierer wissen, dass sie ihren Code in erster Linie für andere Programmierer und erst in zweiter Linie für Maschinen schreiben.«[15]

Es entstanden informelle Regeln, beispielsweise wie Kommentare zwischen den Befehlszeilen formuliert sein sollten oder wie Variablen und Programmteile zu benennen seien, immer mit dem Zweck, dass sich Programme fast wie ein Prosatext lesen lassen. Nicht, dass all dies die heute gängige Praxis darstellte, da wird immer noch zu viel gesündigt. Aber wie man es richtig machen sollte, das weiß jeder Programmierer. Im Prinzip. Oder hat schon einmal davon gehört. Im Prinzip. Oder er hätte davon hören können. Im Prinzip.

Es dauerte dann noch, bis endlich auch *Usability* (auch »Software-Ergonomie« genannt) zum Forschungsthema wurde, also die Benutzerfreundlichkeit eines Programms. Die Beteiligung der User an der Entwicklung von Benutzeroberflächen zählt heute zum guten Programmieren (ist aber keine Selbstverständlichkeit), und es sind auch die Zeiten jener frühen *Windows*-Versionen vorbei, die der Benutzer nur beenden konnte, indem er auf START klickte.

Programmieren ist, letzten Endes, Kommunikation zwischen Menschen, HDH. Die Maschine ist da nur ein Zwischenglied. Insofern ist die Sprachmetapher, wenn man sie nicht überreizt, schon ganz angemessen.

Natürlich wäre es Unsinn, Programmierunterricht als eine Art Fremdsprachenunterricht anzusehen und deswegen auf Französisch zugunsten der Programmiersprache *Java* zu verzichten. Zutreffend an dem Vergleich aber ist, dass das Erlernen einer Fremdsprache (auch einer toten wie Latein) bedeutet, eine Kultur zu verstehen. Wer eine Programmiersprache erlernt, versteht eine bestimmte Art, Probleme zu sehen und zu bearbeiten. Nicht nur digitale Probleme übrigens. Dass Programmierer auch dann zu typischen Denkfiguren neigen, wenn sie gerade nicht am Bildschirm sitzen, ist hinlänglich bekannt: Sie sind darin trainiert, Entscheidungsprozesse zu skizzieren, Probleme in Untergruppen aufzuteilen, Randbedingungen zu definieren oder, was besonders hübsch ist, Lösungswege so zu gestalten, dass sie mehrere Male auf ihre eigenen Ergebnisse angewendet werden (Rekursion). Programmieren lernen heißt, eine Kultur zu verstehen.

Doch auch wer nicht programmiert, sondern einfach nur mehrmals am Tag mit einer Suchmaschine umgeht, lernt unaufhörlich dazu. Eine Frage mit solchen Suchbegriffen zu versehen, dass Google gute Antworten liefert, ist eine Kunst für sich; sie besteht nicht zuletzt darin, das Wesentliche und das Spezifische eines Gegenstands treffend zu bezeichnen: gutes Training, auch für andere Situationen, in denen intelligentes Auswählen nötig ist. Im Französischen nennt man Leute, die ins Netz gehen (also uns alle) *internautes*, ein Begriff, der mir gut gefällt; wir Internauten erkunden ohne Unterlass neue Meere und Kontinente, und zwar nicht jeder für sich allein, sondern stets im Austausch mit anderen.

Digitaltechnik ist inhärent kommunikativ. Sie macht Dinge zu Medien, nämlich zu informationsverarbeitenden

Maschinen. Und zwar mehr und mehr Dinge. Auf diese Weise wird etwas erzeugt, das wir guten Gewissens eine neuartige Gesellschaftsstruktur nennen können.

Nicht, dass die bisherige dadurch untergeht: Die Menschen koordinieren ihre Handlungen nach wie vor über Märkte und andere Prüfmechanismen, staatliche, kulturelle, private. Aber die Individuen und die Dinge werden weitreichender, dauernder und intensiver denn je miteinander zusammengeschlossen.

Mit dem Internet ist eine Struktur entstanden, deren Elemente Menschen und Rechner sind, Software, Protokolle und Gesetze. Es ist weder ein Ding noch ein Raum, es ist ein sich bewegendes Universum, das sich zugleich ausweitet und verdichtet, wodurch eine andere Gegenwart entsteht.

Die Menschheit erlebt nicht zum ersten Mal die Konstruktion einer neuen Gegenwart.

Karl Marx und Friedrich Engels beschrieben 1848 die damalige Welle globalisierter Verdichtung so: »An die Stelle der alten, durch Landeserzeugnisse befriedigten Bedürfnisse treten neue, welche die Produkte der entferntesten Länder und Klimate zu ihrer Befriedigung erheischen. An die Stelle der alten lokalen und nationalen Selbstgenügsamkeit und Abgeschlossenheit tritt ein allseitiger Verkehr, eine allseitige Abhängigkeit der Nationen voneinander. Und wie in der materiellen, so auch in der geistigen Produktion. Die geistigen Erzeugnisse der einzelnen Nationen werden Gemeingut. Die nationale Einseitigkeit und Beschränktheit wird mehr und mehr unmöglich, und aus den vielen nationalen und lokalen Literaturen bildet sich eine Weltliteratur.« Kommt uns das bekannt vor?

Das Medium der damaligen Globalisierung waren die Märkte, war der Weltmarkt. Heute wird dieses Medium durch das Internet ergänzt. Es schießt Informationen, Kapital, Steuerungssignale sowie die digitalisierten Waren und Dienstleistungen im Nu um den Erdball.

Frühere elektronische Medien wie Funk und Fernsehen gelten uns mittlerweile als klassisch, andere, wie der Fernschreiber (waschmaschinengroße Holzkästen mit Wählscheiben und Lochstreifen), sind längst ferne Vergangenheit oder, wie das Fax, gerade untergegangen. Stattdessen erzeugt das Internet unausgesetzte Gegenwärtigkeit, und zwar überall auf der Welt. Noch in den ärmsten Weltregionen wird per Handy kommuniziert. Mitte 2015 waren allein 668 Millionen Chinesen online.

Das Gegenwärtige muss nicht mehr naheliegend sein, was sich auch so ausdrücken lässt: Es entsteht eine reichhaltigere Gegenwart.

Angesichts dessen ist es schon ein wenig verwunderlich, dass es immer noch Leute gibt, die zwischen der »echten Wirklichkeit« und der »virtuellen« unterscheiden. Die Sphäre des digitalen Datenaustausches ist, einschließlich ihres Inhaltes, nicht weniger wirklich als, sagen wir, die Landwirtschaft. Sie ist nur anders. Sie ist auch nicht flüchtig, wie es manchmal heißt. Ganz im Gegenteil, das Internet beispielsweise kann auch als ein einziges Weltarchiv angesehen werden (es muss nur auch so gepflegt werden wie ein Archiv). Wer heute Informationen sucht, durchpflügt das Netz. Und was er dort nicht findet, davon wird er oftmals auch nichts erfahren, als existiere es nicht.

Es konnte nicht ausbleiben, dass sich mit den internetgestützten Massenmedien auch das Informationsverhalten änderte. Wir nehmen Informationen heute schneller auf denn je, nicht zuletzt deshalb, weil die konkurrierenden Anbieter sie in immer kompakterer Form anbieten. Aktuelle Meldungen verlangen nur noch kurze Aufmerksamkeitsspannen, so kurze, dass sie in die vielen kleinen Momente hineinpassen, in denen wir nichts anderes bewusst tun. Sie dringen gewissermaßen per Handy durch alle Poren unseres Lebens, sie diffundieren geradezu beiläufig in unsere Lebenswelt.

Schon seltsam, was sich so an alltäglichen Straßenszenen beobachten lässt. Unentwegt befassen sich Passanten, ja sogar Autofahrer während der Fahrt mit ihren Smartphones. Sie tun es offenbar, weil sie mithilfe dieser Technik unablässig etwas entscheiden können, etwa über Wege, Käufe, Anrufe, Texte, Bilder. Hier wisch und weg, dort antippen, und schon wieder ist eine Wahl getroffen, mit »geringen Transaktionskosten«, wie die Ökonomen sagen.

Digitale Medien können natürlich auch anders, eben weil sie digital sind. Opulente Texte, Videos und Bilder, auf denen das Auge ruhen kann, all das ist möglich, noch dazu Interaktion, tiefe Verlinkung sowie ein blitzschneller Vertrieb.

Und wieder erhebt die Frage drohend ihr Haupt, ob denn

die traditionellen Medien dem Untergang geweiht seien, namentlich die gedruckte Zeitung.

Vor mehr als 60 Jahren gab der kanadische Medientheoretiker Marshall McLuhan darauf die Antwort, dass neue Medien die alten nie bloß ergänzen, sie aber auch nicht vernichten, sondern ihnen vielmehr neue Plätze zuweisen – namentlich als Kunstwerk. Wie alle Thesen McLuhans hält auch diese nicht der Prüfung auf absoluten Wahrheitsgehalt stand, aber sie ist eine nützliche Sonde. Wenden wir sie auf die Presse an: Welcher Platz wird ihr jetzt, demnächst und in fernerer Zukunft wohl angewiesen?

Um eine Antwort zu erhalten, müssen wir zuerst eine andere Frage stellen: Was hätte das Gedruckte dem Digitalen prinzipiell voraus?

Es kann nichts Geistiges, es muss etwas Materielles sein, etwas Körperliches. Denn das Digitale ist zu jeder Repräsentation des Geistigen fähig, zur Kurznachricht ebenso wie zur Romanform, beispielsweise. Fragen wir also nach dem Körperlichen. Da gäbe es zweierlei: Format und Material.

Zurzeit hat das Gedruckte alle Vorteile des Formats. In einer Zeitung, namentlich einer großformatigen, stehen Anordnung und Größe von Artikeln für intendierte Bedeutung. Websites werden nach dem gleichen Prinzip gestaltet, nur verfügen sie über weniger Freiheitsgrade der Anordnung. Handy-Bildschirme sind klein, große Graphikbildschirme wiederum sind nicht so flexibel zu handhaben wie eine Zeitung, die sich unserer Leseposition fast beliebig anpassen kann. Also: Die Zeitung hat den Vorteil der

Fläche. Dass sie sich gut handhaben lässt, hat sie überdies mit dem Buch gemein.

In dieser Überlegung liegt allerdings schon eine weitere: Sobald digitale Medien sich von dem Miniscreen des Taschenformats einerseits und der Klobigkeit großer Bildschirme loslösen, sobald sie die Vorteile des Zeitungsformats integrieren können, verliert die gedruckte Zeitung auch diesen Vorsprung.

Etwa wenn an die Stelle der Bildschirme eine Folie tritt, einzurollen wie Papier, aber online und womöglich sogar strapazierfähiger. Oder wenn Projektionen auf die Netzhaut möglich werden, die weder ästhetisch noch physisch eine Zumutung sind. Vorbei wäre dann die Arbeits- oder SMS-Haltung, in der digitale Medien derzeit noch konsumiert werden. Bett, Badewanne, Frühstückstisch, jene Orte, an denen wir Zeitungen in Mußestunden genießen können, werden dann auch für Digitalmedien zugänglich sein.

Was bleibt? Das Material. Nicht seine Dauerhaftigkeit; Papier ist vergänglich, und alles Digitalisierte kann stattdessen ewig leben (wenn es denn regelmäßig die Datenträger wechselt). Nein, gemeint ist das »Haptische«, von dem immer die Rede ist, wenn die Vorteile von »Print« besungen werden. Ich hege ja den Verdacht, dass diese Liebe zum Haptischen bloße Gewohnheit ist, räume aber ein, dass sich dieses kunsthandwerklich verfeinern lässt, ganz im Sinne McLuhans: die Zeitung, das Magazin, das Buch als handwerklich schönes Produkt, letztlich als Kunstwerk. Es existiert beispielsweise ein Roman namens *S. – Das Schiff des Theseus*[16], dem vielerlei Druckwerke beigelegt sind, Briefe, Postkarten, Zeitungsschnipsel, die wie Originaldokumente aussehen, den Leser überraschen und die zur Aufklärung des Geschehens beitragen, ja Teil des Geschehens selbst sind.

Edle Druckerzeugnisse gibt es seit Langem. Das Neue besteht darin, dass sie sich nicht mehr nur vom Billigdruck abheben, sondern auch von der digitalen Welt. Früher oder später wird das wohl die Nische sein, in der Print überlebt, wenn alle anderen Druckwaren dem Digitalen Platz gemacht haben; zugegeben, eher später, denn es handelt sich auch um eine Generationenfrage, und die Lebenserwartung ist in den jüngst vergangenen Jahrzehnten stark gestiegen. Woraus folgt, dass ich das Ende der medialen Übergangszeit, in der wir uns befinden, wohl kaum mehr erleben werde. Ich nehme also keine Wetten an.

Was ich aber erlebt habe und erlebe, ist, wie sich schreibende Metiers verändern, in meinem Fall der Journalistenberuf. Ich erinnere mich noch gut an einen Artikel, der Mitte der Neunzigerjahre in der ZEIT stand und behauptete, Textverarbeitungssysteme (also so etwas wie heute *Word*) würden der Schreibkultur schaden. Wenn sich alles schnell löschen, ausbessern und umgruppieren lasse, ginge gewissermaßen die Schreibdisziplin flöten.

Ist es so gekommen? Wenn ich mir Zeitungen aus der Schreibmaschinenzeit durchlese, komme ich nicht zu dem Schluss, dass damals besser geschrieben wurde, eher im

Gegenteil. Das literarische Niveau ist, als Ganzes gesehen, ebenso wenig gesunken.

Die von dem ZEIT-Autor damals so gelobte Schreibmaschine stand übrigens, als sie eingeführt wurde, unter dem nämlichen Verdacht. Mit ihm setzte sich im Jahr 1931 Kurt Tucholsky auseinander: »Mir scheint: die Abneigung gegen Maschinenschrift ist wie die zunächst berechtigte oder doch verständliche Abneigung, langsam fahrende Autos in Trauerkondukten zu sehen. Es widerstrebt da etwas in einem … Und doch ist dies Gefühl anachronistisch, wie alle solchen Gefühle (…) Aber macht es denn für den Wert einer Dichtung etwas aus, ob sie mit der Rechten geschrieben ist oder mit acht Fingern? Nein, es macht nichts für den Wert aus. Tippt, tippt.«[17]

Die Einführung des Druckens mit beweglichen Lettern hatte ebenfalls schon Kritiker auf den Plan gerufen (Leibniz: »zu viele Bücher«), und erst recht die Schrift hatte einen prominenten Gegner, nämlich Sokrates: Nun könne man ja alles notieren und müsse sich nichts mehr merken, behauptete er.

Wir wissen nicht, was die Kritiker der Sprache selbst meinten, als diese aufkam. Sie waren stumm.

Aber ändert nun die Digitalisierung das Schreiben oder nicht? Ich meine: ja. Als ich noch auf Schreibmaschinen einhackte, waren Revisionen und Reformulierungen, waren das Umgruppieren und insbesondere das Kürzen und Verknappen ungleich schwierigere Operationen als heute; der Arbeit am Text stellt sich weniger materieller Widerstand in den Weg als damals. Also, wer seine Texte verbessern will, hat es jetzt leichter.

Sodann: computergestützte Redaktionssysteme. Großes Gewerkschaftsgeschrei, als diese aufkamen, den nun sollten Redakteure und Layouter noch zusätzlich Jobs der Setzer übernehmen. Wir Redakteure müssen seither zum Beispiel Zwischentitel in den Text streuen oder sogar Schrifttypen für bestimmte Textteile auswählen. Na und? Das sind alles Mittel, das Geschriebene besser in Szene zu setzen. Ich kann darin keine niedere Tätigkeit sehen. Pflegt nicht auch der Lyriker den Zeilenfall, das System seiner Absätze und oft sogar die Typographie? Ja, die Setzer. Ihr Beruf wurde überflüssig. Technik macht Berufe überflüssig, und das ist oft bitter. Ich habe eine Zeitlang solche Veränderungen als Betriebsrat begleitet und kann nur sagen: Die bessere Option besteht jedenfalls nicht darin, einem Unternehmen neue Technik zu verweigern.

Der nächste Schritt: *HTML*. Wer Texte in dieser Auszeichnungssprache anlegt, verlinkt auf andere Texte, und auch das hat Auswirkungen, nämlich auf den Umgang mit Quellen und auf den Satzbau. Ebenso wie heute SMS, E-Mail, *Twitter* zum Sprachwandel beitragen. Nur sind es eben die Schreibenden selbst, die etwas ändern. Sie nutzen die neuen Optionen, reizen sie aus, machen aus dem Möglichkeitsraum einen Wirklichkeitsraum und, vor allem, erfinden immer wieder Neues.

Hin und wieder wird beklagt, dass der Umstand, dass jedermann im Internet mitschreiben kann, zum Verfall der Schriftkultur beitrage. Ich glaube das nicht. Noch nie wurde so viel geschrieben wie heute, und da kann es gar nicht ausbleiben, dass unter den Schreibenden auch solche sind, die sich dadurch weiterentwickeln. Allein der Formenzwang, den *Twitter* (bisher) auferlegt, veranlasst die Teilnehmer zu allerlei Sprachtricks, in die Kurzbotschaften möglichst viel Inhalt zu packen. Das führt zu ulkigen, wenngleich harmlosen Kürzeln wie WTF, zur prägnanten *Twitter*-Aphoristik des Autors *Nein Quarterly* oder zu präzise geführten Argumentationsschlachten in Fach-Communities auf *Twitter*.

Unbestritten, dass, wenn die Schwelle zum Öffentlichen flacher wird, allerhand Grausliches für jedermann sichtbar wird; das allein wäre noch nicht schlimm, denn so wird einfach nur der Nebel aufgelöst, der bisher über dem Morast der Unkultur lag. Sehr lehrreich. Doch über die Rückkanäle des Netzes werden die unliebsamen, hässlichen Signale auch noch verstärkt.

Sprechen ist Handeln, diese Erkenntnis ist älter als das Internet, aber in ihm werden Äußerungen wie in einem Laser resonant rückgekoppelt, sodass ein Signal äußerster Energie und schneidender Gewalt entstehen kann. Das ist mittlerweile Alltagserfahrung, namentlich unter jenen, die bereits mit dem Internet aufgewachsen sind und für die es so selbstverständlich wie die Atemluft ist. Schulkinder mobben andere per *WhatsApp*, beteiligen sich an Shitstorms gegen *YouTube*-Stars oder geben Nacktbilder von Mitschülern weiter – das Netz ist ein potenzieller Verstärker, auch im Schlechten. Hasswellen im Netz können direkte oder indirekte physische Auswirkungen haben, von Angstzuständen bis zu Mordanschlägen, und natürlich ist ein Raum wie Twitter zugleich ein Schlachtfeld der Informationskriege.

Mit diesem Verstärkungspotenzial vorsichtig umzugehen ist zu einer der wichtigsten Medienkompetenzen geworden. Ebenso der Umgang mit der irrwitzigen Konnektivität. Man mag ja darüber lachen, dass die Leute im Restaurant ihr Essen fotografieren, um die Bilder auf Facebook zu posten, aber darin liegt eine Signatur unserer Zeit, ihrer verdichteten Gegenwart. Sie trägt einen psychotischen Zug: Wir alle sind im Hier und Jetzt. Wer heute durch die Straßen streift, trifft auf Leute, die laut reden und Gesichter schneiden, obwohl doch niemand zu sehen ist, mit dem sie sich unterhalten. In ferner früherer Zeit, sagen Ethnologen, sei das normal gewesen, denn alle Welt glaubte an Geister. Später galt solches Verhalten als Zeichen einer Neurose, heute indes zeigt sich darin die Vernetzung mittels Smartphone. Soziale Netzwerke, außerdem Videotelefonie (wie zum Beispiel *Skype*) und die vielen technischen Möglichkeiten, Bild-, Text- und Audiobotschaften zu hinterlassen, erzeugen das Gefühl ubiquitärer Präsenz der gewohnten Lebensumwelt, gleichgültig, wo man sich gerade befindet.

Omnia mea mecum porto, dieser Sinnspruch der Genügsamkeit, ist in ein Normativ der Fülle umgeschlagen: Heute trage ich alles, was Mein ist, mit meinem Smartphone herum – mein Bankkonto, meine Arbeit, meine Bücher,

Songs, Fotos, Filme, Spiele, den Zugang zu meinem *smart house*. Mit der weiteren Folge, dass, weil alles verfügbar ist, der Dauerzwang zur Auswahl kaum mehr durch informationelle Mangelsituationen unterbrochen wird: Wir müssen pausenlos Entscheidungen treffen, etwa ob wir sofort eine SMS beantworten, welchen Weg wir einschlagen oder ob wir die neuesten Nachrichten über das Weltgeschehen anschauen wollen oder nicht, denn ohne Unterlass können wir das alles tun, und zwar jederzeit. Beinahe jedenfalls.

Das ist stressig, weshalb sich die User Ruhepunkte schaffen, Orte befreiten Lachens oder unanstrengender Unterhaltung. Katzenvideos, fotografiertes Essen oder ins Bild gesetzte Faulenzerei: Die Funktion dieses neuen Biedermeiers zu erkennen ist keine großartige Entdeckung; das Wechselspiel von Spannung und Entspannung gehört zum Menschsein, nur nimmt es jedes Mal die Färbung seiner Zeit an, und jetzt sind es eben Katzenvideos.

Medienkompetenz bedeutet nicht, sich von diesem Zeugs zwanghaft fernzuhalten, sondern zu wissen, wann der Medienkonsum bewusst und zu einem ernsten Zweck erfolgen soll – und wann es eben ziellose Spielerei ohne schlechtes Gewissen sein darf.

Die Kommunikation über soziale Netzwerke zeichnet eine Eigenschaft aus, wie sie auch von Computerspielen bekannt ist: Sie ist permanente Prüfung, und jedem steht die Möglichkeit offen, diese zu bestehen und eine Gratifikation einzuheimsen. Wie groß die darin liegende Suchtgefahr sei, ist eine nach wie vor offene Frage. Zumindest solche

Persönlichkeiten, die dazu neigen, Belohnung durch Anerkennung im Netz oder im Spiel hoch einzustufen, können in seelische Abhängigkeit geraten.

Doch da würde ich die Besonderheit der digitalen Medien nicht allzu hoch veranschlagen. Büchernarren und Schachfanatiker, Rätselfreunde oder auch mit Haut und Haaren von der Mathematik ergriffene Menschen, die andere Interessen darüber vernachlässigen, gehören seit eh und je zum Inventar der Menschheit. In seinen Biographien schreibt Plutarch über Archimedes, »dass er im Banne einer ihm wesenseigenen, stets in ihm wirksamen Verzauberung sogar das Essen vergaß, jede Körperpflege unterließ, und wenn er mit Gewalt dazu gebracht wurde, sich zu salben oder zu baden, geometrische Figuren auf die Kohlenbecken malte, und wenn sein Körper ganz gesalbt war, mit dem Finger Linien darauf zog, ganz erfüllt von reinem Entzücken und wahrhaft von seiner Muse besessen«. Archimedes, der erste Nerd.

Einwenden ließe sich, dass die digitalen Medien besonders leicht zugänglich seien. Das stimmt, doch das ursprünglich analoge Fernsehen war mindestens so zugänglich, und auch der Typus des TV-Junkies bildete sich heraus, ohne dass ihm Gratifikationen wie in sozialen Netzen geboten wurden. Wer heute kopfschüttelnd betrachtet, wie sich Jugendliche in SMS- und *WhatsApp*-Gewittern verlieren, sollte sich daran erinnern, wie er oder zumindest viele Gleichaltrige von der damaligen Elterngeneration beäugt wurden, weil das Telefon nie stillstand. Mit anderen Worten: Das Suchtpotenzial einer Technik liegt nicht darin, ob sie Informationen digital oder analog codiert, sondern in ihrer je besonderen Gestalt und ihrer Einbettung in die soziale Welt.

An dieser Stelle müssen wir das Thema allerdings ausweiten. Bisher haben wir die Digitalisierung hauptsächlich als Medienrevolution betrachtet. Aber die Ein- und Ausgänge digitaler Dinge sind nicht nur für Symbole da, die der Mensch lesen kann – es können ebenso gut Signale hinein- und hinausgehen, deren Sender oder Empfänger wiederum Dinge sind. In diesem Fall heißen die Ein- und Ausgänge Sensoren und Aktoren.

Schnappen wir uns beispielsweise einen Einplatinencomputer, etwa den beliebten Raspberry Pi, so groß wie eine Kreditkarte. Prozessor, Speicher, Stecker für Ein- und Ausgänge, alles dran. Was kann man damit machen? Nichts. Man muss schon etwas mit ihm verbinden. Zum Beispiel einen Bewegungsmelder und eine Datenleitung oder eine Kamera und einen Roboter. Allgemeiner gesagt: So ein digitales Teil braucht Elemente zum Fühlen und Tun, also Sensoren und Aktoren.

Unsere Welt ist von Sensoren für die Datenaufnahme bevölkert und von Aktoren, die mit digitalen Daten gesteuert werden. Wenn Sie ein Auto besitzen, dann versuchen Sie mal, die Zahl der digital betriebenen Sensoren und Aktoren zu ermitteln – die Größenordnung liegt bei jeweils 100.

Müsste man ein derart digitalisiertes Auto nicht umprogrammieren können? Nun, VW hat just das getan, um bei

Abgastests zu schummeln. Mehr noch, die Umprogrammierung von Motorsteuerungen ist ein eigener Geschäftszweig, man spricht von *Chiptuning*. Hier wird, um die Motorleistung zu erhöhen, entweder ein Steuerchip mit veränderten Werten versehen, oder die Sensordaten werden in eine Box geleitet, die sie verändern, bevor sie den Steuerchip erreichen.

Da fahren sie also herum, die sensorbestückten Autos. Könnte man sie nicht auch als umherfahrende Sensoren betrachten, mit denen sich die Welt erkunden lässt?

Genau das hat die Firma *Alphabet* (früher: *Google*) jetzt vor und beginnt damit, ihre *Google Street View Cars* mit Umweltsensoren auszustatten. Sie können Werte wie beispielsweise die Luftqualität gründlich, weil flächendeckend erfassen, besser also als stationäre Messgeräte, wie wir sie bisher kennen.

Fragt sich nur, ob so ein *Google*-Auto einen bestimmten Ort oft genug besucht, um ausreichende Messwerte aufzunehmen. Vielleicht wäre es sinnvoller, die Sensoren an Nahverkehrsbussen anzubringen? Die würden ein und dasselbe Gebiet immerhin planmäßig, also zu einigermaßen festgelegten Zeiten, wieder und wieder besuchen – allerdings nur auf bestimmten Strecken. Noch besser wäre es daher, sämtliche Autos trügen solche Sensoren, diese könnten dann auch ruhig billig und ungenau sein, die Menge macht's.

Super Idee. Nur würde auf diese Weise jedermanns Autofahrt gespeichert. Wie viel Überwachung wollen wir zulassen?

Vernetzte Autos, mit denen derzeit viel experimentiert wird, tauschen mit stationären Rechnern an den Straßen sowie mit anderen Autos Daten aus, typischerweise Geschwindigkeit und Position, und am Ende jeder Sendung steht eine Kennung, zur Sicherheit. Ebendiese Kennungen können jedoch mithilfe einer einfachen Software von Leuten aufgespürt werden, die ihre Laptops in den Datenaustausch einklinken. Behörden, Unternehmen oder Hackern ist es dann ein Leichtes, den Weg eines Fahrzeugs zu verfolgen. Noch einmal: Wie viel Überwachung wollen wir zulassen?

Die Frage stellt sich auch im Fall der *composable systems*: Das ist die Ad-hoc-Vernetzung von vorhandenen zu neuen Geräten, je nach Bedarf. Ein Beispiel: Sie gehen in Ihr Wohnzimmer, schnappen sich Ihr Smartphone sowie eine Tastatur und verbinden beides via Netz mit dem Fernsehbildschirm. Fertig ist ein Laptop, für den Sie per Internet zusätzliche Rechen- und Speicherkapazität ordern können. Alles fein. Aber auch alles irgendwo registriert.

Das vielzitierte »Internet der Dinge« entpuppt sich damit als etwas, das beileibe nicht bloß die Dinge etwas angeht. Es handelt sich eben nicht nur um so harmloses Zeug wie den Rasensprenger, der sich nach dem Niederschlagsradar richtet. Schon gar nicht wenn Dinge vernetzt werden sollen, die wir alle mit uns herumtragen und die unsere Bewegung im Raum registrieren (unsere Smartphones beispielsweise sowie manches mehr). Nein, Vernetzung der Dinge bedeutet letztlich, und jedes Mal, Vernetzung der Menschen.

Das kann unheimliche Formen annehmen. Im Jahr 2015 wurde auf einer Ausstellung in Hongkong ein »intelligentes Nuckelfläschchen« vorgestellt: Es meldet der aushäusigen Mutter, wann die Kinderfrau das Baby füttert, welche Haltung sie dabei einnimmt, wie viel es trinkt und wie warm die Milch ist. Die Sensordaten kann der Prozessor im Hirn des Fläschchens sogar dahingehend untersuchen, ob die Kinderfrau die Milch einfach nur weggießt, anstatt sie dem Baby einzuflößen.

Bereits im Jahr 2008 übertraf die Zahl der mit dem Internet verbundenen Dinge diejenige der Menschen, die online gehen konnten. Und die Zahl der vernetzten Dinge steigt exponentiell. Hier entsteht eine neue Welt.

In der Welt der vernetzten Dinge treten auch Akteure auf, die uns bekannt erscheinen, aber aufgrund ihrer Netzexistenz völlig neue Rollen spielen. Werkzeugmaschinen zum Beispiel. Da gibt es beispielsweise Exemplare, die sich im Fall von Problemen beim Hersteller melden, der sodann per Telepräsenz eingreift. An Weiterungen wird getüftelt: Maschinen tauschen Daten mit anderen Maschinen aus, verhandeln mit ihnen über Materialflüsse, Inspektionspausen und die Zufuhr von Betriebsstoffen.

Vor Jahrzehnten war einmal *Computer Integrated Manufacturing* der Schlager der Hannover-Messe; damals wurden kleine Demonstrationsmodelle aufgebaut, die zeigen sollten, wie eine Fabrik von zentraler Stelle durchkomponiert und -dirigiert werden könnte. Funktioniert hat das letztlich nie, doch mit heutigem, dezentralem Design rückt die computerisierte Fabrik wieder in erreichbare Nähe (genannt »Industrie 4.0« für alle, die ein Schlagwort brauchen).

Wie im richtigen Leben muss die Kommunikation in der zukünftigen Fabrik keineswegs stets explizit sein. Derzeit wird ein Prinzip erforscht, das die Ingenieure den sozialen Insekten abgeschaut haben: Sie experimentieren mit Bauteilen, die ihre Informationen am eigenen Körper tragen, als Farbmarkierungen oder gar indem ihre Abmessungen ausreichen, um Maschinen zu einer Reaktion zu veranlassen – oder die mit einem Chip versehen sind, der selbständig mit Maschinen in Kontakt tritt und ihnen zuruft: »Bearbeite mich!«

Damit das Ganze nicht im Chaos mündet, sind Kommunikations- und Verkehrsregeln für diese künstlichen Akteure nötig, also für die Werkstücke und die Maschinen, und ebenso für Instanzen, die über deren Einhaltung wachen.

Utopisch? Keineswegs. Elektronische Börsen funktionieren bereits nach vergleichbaren Prinzipien, auch wenn auf ihnen nur Daten und nicht auch Dinge oder physische Handlungen ausgetauscht werden.

Die sich selbst organisierende Fabrik wird allmählich Wirklichkeit; die Rolle des Menschen reduziert sich womöglich irgendwann darauf, dem jeweiligen Etablissement die Ausgangsmaterialien, die Regeln und die Zielfunktionen zur Verfügung zu stellen: die Fabrik als eine einzige Turing-Maschine, der Mensch als ihr Programmierer.

In der Welt der vernetzten Dinge nehmen Sensoren allenthalben Messwerte auf. Sie registrieren schlingernde Autos oder schadhafte Pipelines, Bluthochdruck oder beginnende Massenpaniken, die Konzentration von Schadstoffen oder Gammelfleisch im Kühlschrank. Die Forschungsbehörde der amerikanischen Militärs, die DARPA, sucht gerade in einem 36 Millionen Dollar schweren Programm nach Ideen, mittels Sensoren Cyberattacken aufzudecken, etwa aufgrund ungewöhnlichen Energieverbrauchs, elektromagnetischer Auffälligkeiten oder seltsamer Geräusche.

Erinnern Sie sich an den Januar 2014, als *Google* eine Firma erwarb, die Thermostate und Rauchmelder herstellt? Diese Produkte sind Sensoren, und wenn sie millionenfach installiert und mit Datenzentren vernetzt sind, leisten sie weitaus mehr als nur die Steuerung von Heizungen oder das Alarmieren der Feuerwehr – sie geben Zustandsberichte an die Zentrale. Mehr noch, die erworbene Firma hatte bereits viel Erfahrung auf dem Gebiet der Vernetzung von Sensoren gesammelt, Programmiererfahrung vor allem, die sich ohne weiteres auf die Installation weiterer Sensoren übertragen lässt: in der Kühlschranktür, am Fernsehgerät, in der Hi-Fi-Konsole oder in den Küchengeräten. Alle sind sie mögliche Messinstrumente, die das wahre Gold zutage fördern: Daten, die verarbeitet werden können – zu Marktprognosen oder Modellen des Verhaltens potenzieller Kunden beispielsweise.

Sensordaten sind kostbarer Rohstoff. An den meisten Aufzügen sind heutzutage Einheiten angebracht, die jede Bewegung per Internet an eine Zentrale melden. Die Daten können aber nicht nur danach befragt werden, ob und wann welcher Aufzug gewartet oder repariert werden soll. Sondern sie geben auch Aufschluss über das Verhalten großer Menschengruppen, etwa in einem Einkaufszentrum oder einem Bürokaufhaus.

Das kann für Sicherheitsdienste von Interesse sein, die im Notfall wissen wollen, wo sich Verbrecher versteckt halten. Aber ebenso gut für das Marketing oder das Management von Großfirmen, die auf diese Weise herausfinden können, wo die Präferenzen ihrer Kunden liegen oder wie sich die Mitarbeiter verhalten. Für einige große Aufzugsfirmen sind die Fahrkörbe nur noch das Nebengeschäft; das Geld wird mit den Daten verdient.

Ich hege ja den Verdacht, dass es mit dem voll vernetzten Auto ebenfalls darauf hinauslaufen soll. Derzeitige Autos sind bereits Ensembles aus Sensoren, die über ihre Insassen riesenhafte Datenschätze abgreifen: womöglich eines Tages Gegenstand des Kerngeschäfts der Autoindustrie.

Gewiss, solange Jahr für Jahr mehr als eine Million Menschen mit Autos zu Tode gefahren werden, sind so ziemlich alle technischen Mittel recht, Unfälle zu vermeiden, also selbstverständlich auch Abstandssensoren, Lenkhilfen und dergleichen. Wobei man sich schon denken kann, warum der Sicherheit der Insassen so viel mehr Aufmerksamkeit zuteilwird als derjenigen der übrigen Verkehrsteilnehmer – und warum hierzulande (anders als in Schweden beispielsweise) die Autos der Ort aller sicherheitstechnischen Innovation sind, nicht aber die Straßen.

Die Richtung der Sicherheitstechnik spiegelt eben den

Umstand wider, dass für die Automobilindustrie der Käufer im Vordergrund steht.

Auf der Internationalen Automobil-Ausstellung von 2015 waren digitalisierte Autos das große Ding. Dieter Zetsche von Mercedes etwa kündigte das Auto der Zukunft mit den Worten an, es »kennt Ihren Arbeitsweg, Ihren Fahrstil, Termine, Musikgeschmack. Allein der Autositz könnte selbständig einige Vitaldaten seines Besitzers checken. Zusätzlich kann das Auto je nach Blutdruck oder Pulsschlag neben der Musik auch mit Licht, Temperatur und Duft die gesamte Atmosphäre im Mercedes verändern.« Und der BMW-Chef Harald Krüger ergänzte, zu den Aufgaben des zukünftigen Autos zähle, »Hotelbuchungen vorzunehmen oder Ihnen sogar die letzten zwei Karten für die Münchner Oper anzubieten, weil es weiß, dass Sie gern in die Oper gehen. Und dort geht es dann fahrerlos in die Tiefgarage, weil der BMW sich selbst einen freien Parkplatz suchen und dort einparken kann.«

Betreutes Fahren wäre das, und irgendwann wäre dann das Auto ein Roboter, der uns von A nach B bringt. Dass er dann auch ethische Entscheidungen treffen muss, etwa in Unfallsituationen, ist derzeit ein vieldiskutiertes Thema; es gibt beispielsweise Momente, in denen zwischen zwei oder mehreren Kollisionsverläufen zu entscheiden ist. Manchmal ist das ethische Problem so vertrackt, dass es einem Menschen moralisch und rechtlich nicht zugemutet werden kann, binnen Zehntelsekunden die optimale Entscheidung zu treffen. Doch wenn eine Maschine für solche

Situationen programmiert wird, haben ihre Konstrukteure genug Zeit zum Abwägen. Nur – können sie das überhaupt? Was sollen die Kriterien sein? Welche Fallgruppen sollen sie bilden, was können sie vernachlässigen, und wofür müssen sie eventuell haften? Ich würde darauf wetten, dass die technischen Hürden des autonomen Fahrens allesamt genommen sein werden, noch bevor eine einzige ethische übersprungen sein wird.

Es ließe sich ohnedies fragen, ob es dem Benutzer nicht wenigstens freigestellt werden sollte, ob er selbst fährt oder nicht, denn alles andere wäre seine endgültige Infantilisierung, die ja jetzt schon mit allerlei pädagogischen Signalen im Fahrerraum begonnen hat, etwa wenn ein Sicherheitsgurt nicht angelegt wurde. Schlagend zeigt sich diese Regressionstendenz auch im Design der Autostudien von *Google*, dessen Autoroboter aussieht wie ein Knubbel-Car aus einem Pixar-Film.

Andererseits: Hatten wir die Diskussion nicht schon einmal, als die Gurtpflicht eingeführt wurde?

Die Datenautos, in welcher Form sie auch immer über uns kommen werden, sind nur ein Beispiel des großen Trends: der Roboterisierung der Welt. Mehr oder minder autonome Maschinen, mit mehr oder weniger Intelligenz versehen und mit anderen vernetzt, sind gewissermaßen die körperliche Seite der Digitalisierung. Und sie sind so ziemlich überall; wir finden sie in der Produktion und in der Distribution, im Krankenhaus, im Privathaushalt, im Weltraum – und in den großen Datenzentren, in denen

Roboter mit Festplatten und anderen Datenträgern hantieren.

Im Prinzip sind Roboter wie Computer aufgebaut: Eingang, Ausgang, Speicher, Recheneinheit. Nur dass die Eingänge meist Sensoren sind und die Ausgänge Aktoren (etwa Greifer, Räder, Beine). Roboter lassen sich aber auch als Sonden verstehen, die aus der Welt Messdaten aufnehmen und in den Pausen zwischen den Datenaufnahmen in die Welt eingreifen. Die Roboterisierung der Welt wäre dann nur ein Spezialfall ihrer Durchdringung mit Sensoren.

Dieser Vorgang hat widersprüchliche Wirkungen. Man sollte beispielsweise annehmen, die Welt müsste dadurch sicherer werden: Je mehr Information zur Verfügung steht, desto informierter kann der Mensch handeln, oder desto angepasster kann ein Gerät reagieren. Das ist auch nicht falsch, nur leider bedeutet informationelle Vernetzung der Dinge auch ihre wechselseitige Abhängigkeit. Die wiederum kann erstens dazu führen, dass Fehler von einem Ding auf das nächste überspringen, ja dass der Netzwerkeffekt sogar zu einer Kettenreaktion führt. Und zweitens bedeutet jede informationelle Schnittstelle zwischen den Dingen auch eine Möglichkeit, sie zu hacken – also ihr digitales Funktionieren absichtsvoll zu stören oder auch es umzusteuern.

Diese Themen sind mittlerweile alltäglich geworden, wir hören von Softwarefehlern oder Hacks und Cyberattacken in den Nachrichten. Etwa davon, dass Hacker ferngesteuerte Kirchenglocken läuten lassen konnten, ein harmloses Beispiel, oder dass sie die digitale Medizintechnik auf Intensivstationen sabotierten, von fremden Konten Geld abhoben, digital navigierende Autos umleiteten, Industrieanlagen zerstörten oder Computernetze lahmlegten.

Je dichter das Internet der Dinge wird, desto mehr und bessere Sicherungsmechanismen müssen deshalb ersonnen und eingebaut werden.

Sensoren überall, außerdem allenthalben anfallende Kommunikationsdaten, das erzeugt noch ein weiteres Problem: die schiere Masse von Daten aus höchst unterschiedlichen Quellen. Sie will verarbeitet werden. Und das ist nicht trivial.

Ich wüsste gerne, wer auf die Idee gekommen ist, die Verarbeitung sehr großer Datenmengen *Big Data* zu nennen. Das war ungefähr so intelligent, wie einem bestimmten nuklearen Reaktortyp den Namen »Schneller Brüter« zu verpassen. Beides geht ingenieurtechnisch völlig in Ordnung, ist aber geeignet, ohnehin ängstlichen Bürgern erst recht einen Schrecken einzujagen. *Big Data* jedenfalls klingt nach *Big Brother*, jenem allgegenwärtigen, alles überwachenden Diktator aus George Orwells düsterem Roman *1984* (interessant übrigens, dass es möglich wurde, nach dieser literarischen Figur eine hirnschrumpfende Reality-Show zu benennen; das sagt viel über die Unbekümmertheit des Publikums und seine Bereitschaft aus, den Kakao, durch den man es zieht, auch noch zu trinken – nach Erich Kästner).

Nun gut, der Name »Big Data« ist in der Welt. Und mit ihm die Bezeichnung jener Disziplin der Informatik, die

Datenschätze analysieren will, so, als suchte man in Tonnen schweren Gesteins nach wenigen Gramm Erz: *Data Mining*.

Nehmen wir als Beispiel einen Anbieter von Telekommunikation. Er will gewarnt sein, wenn Kunden im Begriff sind, zur Konkurrenz zu wechseln. Auf welche Grunddaten kann er schon mal bauen? Auf Angaben zur Person, zur Vertragsdauer, zum Bezahlverhalten, außerdem auf die Verbindungsdaten – und zwar von Millionen Kunden – sowie auf manches mehr. In diesen Daten kann er nach Mustern suchen, die, wenn sie aufgetreten sind, typischerweise einen Wechsel von Kunden nach sich zogen. Das klarste Signal wäre ein Anruf beim Konkurrenten: Da hat sich womöglich ein Kunde nach günstigeren Konditionen erkundigt.

Eine derartige Untersuchung verlangt die Analyse großer Datenmengen aus mehreren Quellen. Die Daten haben unterschiedliche Formate und Qualität, weshalb sich der Datenbergmann zunächst damit beschäftigt, sie zu »normalisieren«: Die Daten erhalten ein gemeinsames Format, damit sie sich in einer Tabelle sortieren lassen. Schön und gut, aber wie soll man ein solches Tabellenmonster bändigen?

Und zuerst einmal – wohin damit?

Google bietet kostenlos eine Softwarebibliothek für die Suche in großen Datentabellen an; die Programme laufen arbeitsteilig auf vielen, oft Tausenden Rechnern. Auf jedem von ihnen ist ein Teil der Daten untergebracht, und alle Computer sind im gleichen Gebäude miteinander verdrahtet. Wenn richtig große Datenmassen verarbeitet werden sollen, müssen die Rechner nämlich dicht an dicht stehen, denn die Übertragungstechnik würde es nicht schaffen, die Daten schnell genug in entfernte Rechner zu schaufeln. »Die Verarbeitung muss zu den Daten wandern«, lautet das Prinzip. Gerechnet wird in der Datenbank selbst.

Die Rechenmethoden selbst sind alles andere als trivial. Nur gut, dass es da bereits Erfahrungen gibt: aus der Großforschung. Insbesondere Hochenergie- und Astrophysiker hantieren mit Datenmengen jenseits der Obergrenze des Vorstellbaren, auch die Simulationen der Klimaforscher und der *computational biology* schaufeln bergeweise Daten um. Sie haben Methoden entwickelt, die sich jetzt auch die Wirtschaft zunutze macht.

Die Phasen des *Data Mining* lassen sich wie folgt beschreiben: Zunächst einmal muss alles beseitigt werden, was schon auf den ersten Blick nutzlos aussieht. Im Fall der Telefonkunden ist es beispielsweise egal, bei welcher Bank sie ihr Konto haben. Sodann wird nach unsinnigen Werten gesucht, wie sie immer wieder aus Versehen auftreten; ein Privathaushalt wird beispielsweise nicht über tausend Telefone verfügen. Nach solchen Ausreißern wird nicht manuell gesucht, der Aufwand wäre zu groß, sondern mithilfe spezieller Programme; oft ist es Filtersoftware aus anderen Fachgebieten, etwa für die Verarbeitung von Radarsignalen. Sie erkennt größere, aber sinnlose Auffälligkeiten ohnehin besser als der Mensch.

Ist das geschafft, wird die Datenmenge statistisch analysiert, die Software errechnet Mittelwerte, Verteilungen, Abweichungen und Ähnliches.

Anschließend beginnt die Suche nach Mustern, sie ist das eigentliche *Data Mining*. Gesucht werden solche Muster, die in gewisser Weise typisch sind. Die Grundannahme lautet, dass sich die Dinge wiederholen und dass jemand, der sich in einer bestimmten Weise verhält, aller Erfahrung nach die Telefongesellschaft wechseln will. Der Clou liegt in der Formulierung »aller Erfahrung nach«. Mag *post hoc ergo propter hoc* (Y tritt nach X auf, also ist X die Ursache für Y) als klassischer Fehlschluss gelten, für *Big Data* ist er Prinzip: Wenn umfangreiche Datenmassen eine Korrelation zweier Ereignisse nahelegen, dann behandelt man sie so, als seien sie ursächlich miteinander verbunden.

Das ist ein Punkt, über den noch nachzudenken ist. Um die Veränderung eines Ausschnitts der Realität vorauszusagen, war es bisher nötig, eine Theorie aufzustellen und diese Theorie immer wieder mithilfe neuer Daten zu überprüfen. Seit einigen Jahren indes sind Stimmen zu vernehmen, die vom »Ende der Theorie« sprechen. Man brauche nicht mehr zu wissen, warum sich etwas so oder anders verhält; denn wenn ausreichend Messdaten vorliegen, werde es möglich, ein Verhalten vorherzusagen, allein aufgrund bekannter Muster, also ohne dass die Ursachen bekannt sind. Ist der Datenpool nur groß genug, dann ist die Gefahr gering, einen Sonderfall zu übersehen. Eine Denkweise, die im Reiz-Reaktions-Paradigma der behavioristischen Schule der Psychologie ihren Vorgänger hat (was kein Gegenargument sein soll).

Für diese Denkweise spricht immerhin die folgende

Überlegung: Aus der Computermathematik sind seit ein paar Jahrzehnten Experimente bekannt, in denen die Zellen eines Gitters in jedem Zeitabschnitt stets nur mit ihren jeweiligen Nachbarn Werte austauschen und deren Zustände beeinflussen. Visualisiert man diese Vorgänge, so zeigen sich auf dem Bildschirm auf einmal Makrostrukturen, monsterähnliche beispielsweise, die ein Eigenleben zu führen scheinen und deren Verhalten sich durchaus anschaulich beschreiben lässt. Da gibt es zum Beispiel Figuren, die wie Kanonen aussehen und die tatsächlich ballähnliche Blobs zu verschießen scheinen. Dieses Phänomen nennt man auch Emergenz. Der Witz ist, dass die Beschreibung der Makrostrukturen keine Kenntnis der zugrundeliegenden Ursachen voraussetzt, also der Regeln, nach denen die Zellen im Gitter interagieren. Ich weiß einfach nur, dass auf das Muster A das Muster B folgt und dass, wenn eine Kanone auftaucht, bald die Kugeln fliegen.

Viel einwenden lässt sich dagegen nicht. Zweierlei aber schon. Erstens: Das mit den Mustern mag ja bestens funktionieren, was aber, wenn sich die zugrundeliegenden Regeln ändern, etwa aufgrund von Außeneinflüssen?

Bezogen auf *Big Data* hieße das: Ich mag ja aus den Daten über die Einwohner von Berlin bar jeder Theorie deren Verhalten perfekt voraussagen können – aber nicht mehr dann, wenn eine Epidemie die Stadt lahmlegt. Korrelationen sind eine feine Sache dort, wo sie gesichert sind. Doch selbst um das Gebiet abzustecken, innerhalb dessen sie funktionieren, ist eben doch eine Theorie nötig. Außer natürlich es handelt sich um technisch begrenzte Areale, wie beispielsweise ein Eisenbahnnetz; für solche Fälle können die mittels *Big Data* identifizierten Wenn-dann-Beziehungen ausreichende Erkenntnisse liefern, und tatsächlich ist das der Weg, auf dem einige Länder ihre Streckennetze sicherer machen wollen.

Der zweite Einwand lautet, dass *Data Mining* dort an seine Grenzen stößt, wo nach seltenen Verhaltensweisen gesucht wird, etwa nach bevorstehenden Terrorakten. Denn da können noch so viele Daten erfasst werden, für das Verhalten von Terroristen liegen nun einmal nur geringfügige Datenmengen vor, zu wenige, als dass sich von verlässlichen Mustern sprechen ließe. Und andersherum: Es mag ein paar typische Verhaltensweisen geben, doch je größer die Datenmenge, desto mehr »falsch positive« Ergebnisse wird man finden, Fälle also, in denen sich Leute wie Terroristen verhalten, wenn sie beispielsweise alle paar Wochen den Wohnort wechseln und die Miete im Voraus und in bar bezahlen. Hat man bestimmte Leute bereits im Visier, sind das sinnvolle Anhaltspunkte, als Suchkriterien für *Data Mining* indes taugen sie nichts.

Nun gibt es allerdings eine Kritik an *Big Data* und überhaupt der Digitalisierung, die von ganz anderem Kaliber ist. So prangerte der amerikanische Kulturkritiker Leon Wieseltier in der *Süddeutschen Zeitung* die »Vergötzung der Daten« an, »die ihrerseits durch die schier unvorstellbare Datenerzeugungskraft der neuen Technologie ermöglicht wurde«.[18]

Mir fällt es immer schwer, über derartige Pauschalurteile systematisch nachzudenken, sie haben sozusagen keine Henkel, an denen man sie anfassen kann. Denn wer vergötzt jetzt was genau?

Ansetzen könnte man vielleicht so: Es wäre falsch, an die Existenz sogenannter Rohdaten zu glauben. Jeder Student der Naturwissenschaften oder ihrer Philosophie lernt, dass in Methoden der Datenerhebung, ja sogar in die Auswahl von Experimentalanordnungen (oder der erzeugten Messwerte) Theorien eingehen. Daten sind also niemals roh, sondern immer schon gekocht, wie es in dem Buch *»Raw Data« is an Oxymoron* richtig heißt.[19] Datum, das bedeutet auf Deutsch »das Gegebene«, die Franzosen sprechen von »les données«, und das ist eben nicht das Gleiche wie das Vorgefundene.

Schon die Form des Datums verzerrt, denn es spiegelt ein Ereignis zu einem Messzeitpunkt wider, obwohl die Wirklichkeit nicht aus Ereignissen und Zeitpunkten, sondern aus Prozessen besteht. Aber all das bietet kein Grundsatzproblem, solange man sich dessen bewusst bleibt. Und gerade auf den Großbaustellen von *Big Data* ist man sich der Bergschäden bewusst, ebenso des Katzengolds, das oft anstelle kostbaren Stoffs geschürft wird; von »Vergötzung der Daten« kann da keine Rede sein.

Gleichwohl, Fundamentalkritik wie diejenige Wieseltiers findet ihren Absatz. Nehmen wir nur das Buch *La vie algorithmique; Critique de la raison numérique* des französischen Philosophen Éric Sadin.[20] Eine »Kritik der digitalen Vernunft«, das klingt natürlich sexy. Der Autor kritisiert die »expandierende digitale Matrix« (namentlich: *Google Earth, Google Maps, Google Street View*), der die Absicht zugrunde liege, »nicht mehr den Zugang zum kulturellen Bestand und verschiedenen Wissensgebieten zu erweitern, sondern jedes Fragment des Realen in Information zu verwandeln, indem sie überall und in jeder Richtung Sensoren implantiert.«

Erster Einwand: Es ist die Firma *Google*, die sich zum Ziel gesetzt hat, alle großen Bibliotheken der Welt zu digitalisieren, just um »den Zugang zum kulturellen Bestand und verschiedenen Wissensgebieten zu erweitern«, wie Sadin in kritischer Haltung einfordert. Aber vielleicht meint er etwas anderes?

Mein Verdacht ist der, dass es sich hier nur wieder um die wohlbekannte Zahlenfeindlichkeit handelt, eine Form des Ressentiments gegen die Natur- und Ingenieurwissenschaften; Sadin bestätigt ihn mit dieser Äußerung: »Es ist Zeit, daran zu erinnern, dass die digitale Lesbarkeit der Phänomene eine fundamentale Dimension verdrängt, nämlich jene, die jeder binären Reduktion entwischt: das Fühlbare.«

Schon mit dem Aufkommen der sogenannten Homecomputer und der ersten Rechnernetze in den Achtzigerjahren wurde diese Rede geführt: Das aus Null und Eins bestehende »binäre Schema« sei ein primitives Raster, das den Reichtum der Wirklichkeit reduziere, die doch aus Zwischentönen bestehe.

Nun, wenn das Argument so geht, dann ist es schnell widerlegt. Es existieren beispielsweise A/D-Wandler, Einheiten aus Hard- oder Software, die analoge Werte in digitale verwandeln und umgekehrt. Sie werden mit Zwischentönen und dergleichen wunderbar fertig, es ist alles eine Frage der Auflösung. Außerdem ist die binäre Zahlendarstellung nur ein Sonderfall von Zahlendarstellungen überhaupt; Computer lassen sich im Prinzip auch anders konstruieren, und dann betreiben sie halt Differenzial- oder Matrizenrechnung, das macht im Grundsatz keinen Unterschied.

Ach so, das war nicht gemeint, sondern etwas anderes?

Ich ahnte es, und ich ahnte auch, was. Man schlägt den Sack und meint den Esel. Nicht die Grenzen des »binären Schemas« waren gemeint, sondern der Gedanke der Berechenbarkeit selbst. Es wäre besser, wenn die Kritiker der »digitalen Vernunft« das auch offen aussprechen würden.

Den Gedanken, die Welt ließe sich berechnen, kann man natürlich mit guten Gründen kritisieren. Vieles, sehr vieles lässt sich nur denken, erahnen oder fühlen, nicht aber berechnen. Das ist der Stand der Dinge. Doch dass es dabei bleiben muss, das ist keineswegs ausgemacht. Das ist die Frage nach der Künstlichen Intelligenz, auf sie kommen wir noch zurück.

Besonders raffiniert kommt sich der Einwand vor, die Mathematiker selber hätten doch bewiesen, dass formale Weltdarstellungen unzureichend sind; unvermeidlich taucht er auch bei Sadin auf: »Die ›digitale Vernunft‹ ist mit der treffenden und unerbittlichen Wahrheit des ›Unvollständigkeitssatzes‹ von Gödel konfrontiert, dem zufolge nicht alles ableitbar und berechenbar ist.«

Das ist ein Mythos, der sich seit Jahrzehnten durch die Kritik der Informatisierung zieht. Um was handelt es sich?

Begeben wir uns knapp hundert Jahre zurück, nach Wien. Dort trafen sich einmal pro Woche Wissenschaftler unterschiedlicher Disziplinen, um in einer Zeit, in der so ziemlich alle politischen, wissenschaftlichen, ethischen und ästhetischen Gewissheiten erschüttert waren, ein vernünftiges Fundament des Denkens zu suchen. Eines ihrer Ziele war, in den Worten des Logikers und Philosophen Rudolf Carnap, »die Ausschaltung des spekulativen, dichterischen Arbeitens in der Philosophie«.[21] Zu diesem Wiener Kreis zählte der junge Mathematiker Kurt Gödel.

Damals diskutierten Mathematiker sehr große Ideen. Gödel etwa wollte die Grenzen des Denkens erkunden, nicht weniger. Einige prominente Mathematiker wiederum hatten vor, ihre Wissenschaft als ganze vollständig auf formale Weise zu rekonstruieren, also jeden ihrer Sätze aus einer kleinen Menge von Axiomen und Regeln herzuleiten.

Nun, Gödel hatte mit seinem Projekt Erfolg, indem er nachwies, dass die mathematische Prominenz sich etwas Unmögliches vorgenommen hatte. Sowohl sein Untersuchungsergebnis als auch der Dreh, mit dem er es gewann, inspiriert Mathematiker und Philosophen bis heute; sie sind auch die Seele des Kultbuchs *Gödel, Escher, Bach*.[22]

Gödel bewies zweierlei. Erstens: In jeder formalen Sprache S, die sowohl widerspruchsfrei als auch einigermaßen komplex ist, können auch solche Sätze formuliert werden, die sich mit den Mitteln von S weder beweisen noch widerlegen lassen. Sie stehen da herum, und niemand kann wissen, ob sie stimmen. Womöglich lassen sie sich in einer reicheren formalen Sprache beweisen, das aber bedeutet: Sie sind wahre Aussagen in S, aber innerhalb von S nicht herzuleiten. Wenn wir uns die Wahrheit der S-Welt als einen zusammenhängenden Kontinent vorstellen, dann existieren also auch Inseln der Wahrheit, die auf dem Landwege nicht zu erreichen sind. Das war Gödels erster »Unvollständigkeitssatz«. Der zweite: Es gibt widerspruchsfreie formale Sprachen, in denen ihre eigene Widerspruchsfreiheit nicht bewiesen werden kann.

Klingt das nach einem Glasperlenspiel? Gewiss, aber wie so oft in der Mathematik hat es höchst praktische Bedeutung. Es lehrt uns beispielsweise, dass es kein formales Kalkül gibt, das uns alle mathematischen Sätze beweisen kann – woraus sich unter anderem ergibt, dass es niemals ein Computerprogramm geben wird, mit dem sich die Fehlerlosigkeit beliebiger Programme beweisen lässt. Kommt Ihnen das bekannt vor? Genau: Turing!

Hat Gödel aber mit alledem die Begrenztheit der Mathematik bewiesen und damit die Grenzen der »digitalen Vernunft«, wie nicht nur Sadin behauptet? Nun, Gödel hat ebenso gezeigt, dass zu jeder Sprache S, die unbeweisbare Sätze formuliert, eine Sprache S' gefunden werden kann, in der diese Sätze bewiesen oder widerlegt werden können. Auch S' wird unbeweisbare Sätze enthalten, aber es existiert eine Sprache S'', die … ad infinitum. Wollen wir das wirklich Begrenztheit nennen?

An Gödels Beweis gefiel Alan Turing übrigens besonders die Methode. Sie inspirierte ihn zu seiner Arbeit an der Turing-Maschine, dem Urbild des Algorithmus.

Algorithmen hatte schon Euklid geschrieben. Einer trägt sogar seinen Namen und dient der Berechnung des größten gemeinsamen Teilers zweier natürlicher Zahlen. Er ist ein Rechenverfahren, das eine Eingangsmenge (die beiden Zahlen) in eine Ausgangsmenge (den Teiler) überführt. Diese Verwandlung des Eingangswerts in den Ausgangswert geschieht ohne Nachdenken, durch Befolgung rein formaler Regeln, und die Gesamtheit dieser Regeln ist eben der Algorithmus. Turings Leistung bestand darin, dass er die Allgemeinform des Algorithmus entdeckte.

Algorithmus. Das Wort ist für Teile des deutschen Feuilletons gleichbedeutend mit Incubus und Succubus, den teuflischen Dämonen. Das Wort klingt gebildet und rätselhaft, nicht so profan wie Software oder Computerprogramme. Die freilich sind gemeint, wenn die Rede von der »Herrschaft der Algorithmen«[23] geht – denn erst wenn ein Algorithmus auf einem Computer läuft, tritt er in die Welt. Glaubt man den Geschichten, die heutzutage über den Dämon Algorithmus verbreitet werden, so sind die von ihm besessenen Maschinen im Begriff, die Menschheit zu versklaven.

Es ist der Unernst derartiger Kritik, der angesichts der echten, harten Probleme der Digitalisierung so unangenehm auffällt. Man prüfe sich selbst, die eigene Lebenswirklichkeit: Wer herrscht? Software? Oder vielleicht doch eher Menschen über Menschen?

Auf die Interessen kommt es an. Software setzt sie nur um. Etwa wenn jemand seinen Job verliert, weil sein Unternehmen dafür lieber eine Maschine einsetzen will.

Nach Ansicht ernstzunehmender Ökonomen hat die Verdrängung des Menschen durch Maschinen gerade erst begonnen, ob in der Produktion, im Einzelhandel, im Transport-, Bank- oder Personalwesen, im Krankenhaus oder im Journalismus. Es gibt erste Hotels, deren Rezeptionisten und Reinigungskräfte Roboter sind. Über diese Verdrängung wird zwar seit Jahrzehnten geschrieben, aber es hat sich etwas verändert: Die Leistungsfähigkeit der Roboter und anderer digitaler Technologien hat in jüngster Zeit explosiv zugenommen, und diese Explosion ist nicht vorbei. Da kommt nicht etwas auf uns zu, sondern wir sind mittendrin.

In den Sechzigerjahren des vergangenen Jahrhunderts wurden in einer typischen Montagefabrik von General Motors rund 5000 Arbeiter beschäftigt, die etwa 120 000 Autos pro Jahr zusammenfügten. Heute befinden sich in einer vergleichbaren Fabrik nur noch 1500 Leute, und sie stellen die gleiche Anzahl von Autos her – allerdings Fahrzeuge weitaus höherer Qualität, die überdies viel individualisierter sind. Diese 1500 Arbeiter sind höher qualifiziert als die Kollegen von einst, was sich auch so ausdrücken lässt: Arbeitskräfte niedriger und auch mittlerer Qualität finden auf dem heutigen Markt viel schlechter Beschäftigung als früher.

Zwar klagen Unternehmen, nicht nur in Amerika, sondern auch hierzulande, über zu wenig qualifizierte Arbeitskräfte, andererseits sind auch hochqualifizierte Ingenieure und Techniker oft arbeitslos. Wieso das? Weil auch ihre Qualifikation nicht zum spezifischen Bedarf des Kapitals passt.

Aus diesen Befunden folgt, dass die Lösung nicht einfach sein kann, dass alle mehr Ausbildung benötigen und – Hokuspokus! – dann werden sie wieder beschäftigt. Nein, vielmehr muss erstens die Fähigkeit erlernt werden, sich besondere, in bestimmten Zeiten gefragte Qualifikation schnell zuzulegen. Und zweitens darf die Kette der Innovationen nicht abreißen, es müssen neue Produkte und Dienstleistungen gefunden werden und damit neue Jobs. Beides läuft darauf hinaus, dass die Bereitschaft und die Fähigkeit, Neues zu lernen und Neues zu wagen, gefördert werden müssen. In den Schulen, Universitäten, Unternehmen; das ist jetzt noch etwas allgemein, aber gegen Ende des Buches werden wir konkreter.

An einer Grundfrage führt uns diese Überlegung allerdings nicht vorbei, die der Astrophysiker Stephen Hawking unlängst auf einer Veranstaltung aufwarf: »Wenn Maschinen alles herstellen, was wir brauchen, wird das Ergebnis davon abhängen, wie die Dinge verteilt sein werden. Jeder könnte ein Leben in luxuriöser Freizeit genießen, wenn der maschinenproduzierte Reichtum geteilt wird; oder die meisten Menschen könnten in bitterer Armut enden, wenn die Maschineneigentümer erfolgreiche Lobby-Arbeit gegen die Umverteilung des Reichtums leisten. Bisher scheint der Trend in die zweite Richtung zu gehen und die Technologie die Ungleichheit zu steigern.«[24]

Das hängt auch vom jeweiligen Gesellschaftsmodell ab. Die Kombination von Ungleichheit, Marktliberalismus und Sozialstaat ist von Land zu Land verschieden, in Amerika beispielsweise eine andere als in Deutschland. Ein Thema der Gesellschaftspolitik, der Wirtschaftspolitik, der Sozial- und Bildungspolitik. Die Frage danach, in welcher Art von Gesellschaft wir leben wollen, ist natürlich älter als die Digitalisierung, aber sie wird durch diese aktualisiert, denn vor unseren Augen hat eine ökonomische Umwälzung eingesetzt, deren Ausmaß wir noch gar nicht überblicken.

Cyborgs und andere Phantasien

Medizintechniker arbeiten derzeit an Sensoren, die am Körper getragen werden und nach Symptomen der Alzheimer'schen Krankheit suchen, beispielsweise nach erratischen Wanderungen oder Anzeichen von Gleichgewichtsproblemen.

Umgeschnallte Brustkrebsdetektoren werden entwickelt, die per Ultraschall nach Verdickungen suchen; erforscht werden auch am Körper zu tragende Warnsysteme für Depressionen, Diabetes und drohende Herzinfarkte.

Ein dünner Film mit eingelassenen Wärmesensoren, bequem am Körper zu tragen, soll demnächst den Blutfluss messen und damit einen Indikator für Arteriosklerose, Sichelzellenanämie, Nierenkrankheiten. Die Daten werden sodann per *Bluetooth* an einen Rechner übertragen.

Derlei Systeme werden auch *Body area networks* genannt.

Sie lassen sich im Prinzip sogar dazu nutzen, um Medikamente zu verabreichen; so finden beispielsweise klinische Versuche mit Pillen statt, die mit verdaulichen Sensoren ausgestattet sind; diese geben ein für den Arzt bestimmtes Signal, sobald sie mit Magensäure reagieren: Auf diese Weise ließe sich bestätigen, dass der Patient brav sein Medikament nimmt.

Die technische Durchdringung unserer Körper hat begonnen. Und da ist noch viel mehr denkbar.

Der französische Schriftsteller Frédéric Badré ist an ALS erkrankt, der amyotrophen Lateralsklerose, einer Krankheit, die durch den Fall Stephen Hawking weltweit bekannt geworden ist. Sie ist unheilbar. Den Erkrankten wird meist eröffnet, sie würden binnen weniger Jahre sterben. Badré hat daraufhin ein beeindruckendes Buch geschrieben;[25] an einer Stelle heißt es darin: »Es ist vorstellbar, ALS mithilfe einer Maschine zu besiegen, die mit dem Gehirn verbunden wird und die an die Stelle der betroffenen Motorneuronen tritt... Eine Maschine, ein Roboter wird also vielleicht den Platz im Cockpit einnehmen. ALS schleudert mich mental in die Wirklichkeit von *Science fiction*.« Sodann setzt Badré fort: »Die künstliche Stimme von Stephen Hawking gibt einen Vorgeschmack auf diese Zukunft. Ich stelle mir mein Werden zum Artefakt vor. Mich, als Avantgarde der Menschheit.«

Die Wendung »mein Werden zum Artefakt« bringt es auf den Punkt. Menschen, deren Organe teils durch (programmierbare) Technik ersetzt werden, Cyborgs also: Ist das die Zukunft unserer Körper?

Gemeint sind nicht Erweiterungen wie beispielsweise Exoskelette, also robotische Apparate, in die wir uns einpassen und die der Vermehrung unserer Körperkräfte dienen (ein eigener Forschungszweig übrigens, oftmals vom Militär gefördert). Nein, die Existenz als Cyborg ist geradezu das Gegenteil, ihr geht unfreiwilliger Verlust oder das bewusste Opfer eines Organs voraus, an dessen Stelle die programmierte Maschine tritt.

Es existieren Vorformen wie robotische Armprothesen, programmierbare Herzschrittmacher, mit Signalprozessoren ausgestattete Cochlea-Implantate sowie »Hirnschrittmacher« für Patienten, die neurologisch erkrankt sind: programmierte Einheiten, die stimulierende Signale ins Gehirn senden. Sie alle sollen etwas ersetzen, sind Reparaturmaßnahmen und nicht etwa eine Art Menschen-Tuning.

Und so wird es vorerst wohl bleiben. Ich nehme an, dass auch in überschaubarer Zukunft nur der Ersatz von Verlorenem Gelegenheiten geben wird, Menschen zu Cyborgs werden zu lassen. Gegen einen Trend zum freiwilligen, mit Amputation oder Transplantation einhergehenden Tausch von Gliedern und Organen spricht die Existenz des natürlichen Triebes, die Integrität des eigenen Körpers zu verteidigen. Diese Grenze werden die Menschen nicht so schnell einreißen.

Aber wer weiß das schon. Die Kultur kann vieles überwinden, denken wir nur an den Variantenreichtum der Schönheitsideale, der von Tellerlippen afrikanischer Ethnien bis zu Gesichts-Piercings in unseren Breiten reicht.

Eine gewisse Barriere besteht bisher auch in der Körperfremdheit der verwendeten Materialien, die in den Menschen gefügt werden. Allerdings wird zurzeit an porösen

Schäumen mit Gedächtnisfunktion gearbeitet, die sich an den menschlichen Körper oder eben in ihn schmiegen und deren Verformung mit Flüssigkeiten gesteuert wird. Es gibt auch Forschergruppen, die neurotaktile Folien entwickeln: In diese sind Sensoren eingebettet, die ihre Signale direkt ans Gehirn senden, mit ihnen kann der Mensch fühlen. Fluidisch gesteuerte Schäume, versehen mit neurotaktilen Folien, kann ich mir daher durchaus als Körperteile vorstellen, die sich nahtlos in unsere Empfindungswelt fügen; Cyborgs müssen in Zukunft also keineswegs wie rekonstruierte Unfallopfer aussehen oder sich so vorkommen.

Gehen wir noch einen Schritt weiter. Ist es denkbar, dass Cyborgs eines Tages nichts Zusammengesetztes mehr sind, sondern so normal wie, sagen wir, bekleidete Menschen?

In dem Film *Pirates of the Caribbean – Am Ende der Welt* wird ein alter Pirat namens »Bootstrap Bill« gezeigt, der mit einem Schiffsrumpf verwachsen und damit Teil des Schiffes selbst geworden ist. Nun ist Bootstrap Bill zwar kein erfreulicher Anblick, denn auch er ist wie die Holzplanken mit Algen und allerlei Meeresgetier durchsetzt, außerdem ist seine Bewegungsfreiheit doch arg reduziert, aber könnte es nicht sein, dass der Mensch in Zukunft in einer Weise technikdurchdrungen sein wird, dass auch er nur mehr als Element eines dichten DHD-Geflechts verstanden werden kann? Eingepasst in eine Dingwelt, nur eben nicht wie in einen starren Holzrumpf, sondern in ein hochmobiles Gewusel intelligenter Artefakte?

Das muss nichts Schlechtes sein. Alles hängt davon ab, ob

es den Grundinteressen (die oft »Werte« genannt werden), die jeder Mensch hat, nützt oder schadet: Freiheit, Gerechtigkeit, Würde.

Diese Interessen sind kulturinvariant; sie drücken sich überall dort aus, wo sie verletzt werden. Eine ihrer Besonderheiten besteht darin, dass sie stets aus der Opferperspektive formuliert werden – als Ansprüche an andere, die über Macht verfügen. Diese Überlegung ist für unser Thema deswegen wichtig, weil die Entwicklung der Mensch-Ding-Beziehungen ja nicht außerhalb der Gesellschaft stattfindet, sondern direkt zu ihr gehört. Sobald wir über sie nachdenken, stoßen wir auf die Machtfragen, also auf die Politik. Eine Orwell'sche Zweiklassengesellschaft beispielsweise, die auf der Sklavenarbeit technisch zugerichteter Menschen beruht, wäre ein durchaus denkbares Extrem dieser Entwicklung; ein anderes, erfreulicheres, wäre eine Gesellschaft der Maximierung der Potenziale aller Individuen, die in Harmonie mit der Dingwelt leben, zu der sie untrennbar gehören ... ja, zugegeben, das klingt nun arg fiktional oder gesellschaftsutopisch, aber dieses Buchkapitel verfolgt ja auch den Zweck, das Gegenwärtige bis an die Grenze des Fiktionalen auszudehnen, vielleicht sogar ein wenig darüber hinaus.

Wie schwer man freilich in diesen Dingen irren kann, zeigt uns die Filmtrilogie *Zurück in die Zukunft*, die für das Jahr 2015 fliegende Autos vorhersah, aber das Entscheidende nicht: das Internet. Die große Veränderung der Spielregeln tritt manchmal ohne längere Vorankündigung ein.

Zurück zum Ausgangspunkt. Betrachten wir die derzeit womöglich heraufkommende Welt, die durchdrungen ist von Sensoren, Aktoren und dem, was sich dazwischen befindet, also Informationsverarbeitung: eine permanent rückgekoppelte Welt. Sie bildet sich unausgesetzt auf sich selbst ab. Was bedeutet das?

Verschiedene Stadien dieser Durchdringung und Selbstabbildung lassen sich denken. Das jetzige ließe sich, wenn ich mich so umschaue, grob als »eine Abbildung pro 10 Kubikmeter« beschreiben, denn in meinem Arbeitszimmer befinden sich gerade ein Laptop und ein Smartphone; eine Durchdringung, die sich vielleicht verallgemeinern lässt (auf Präzision kommt es jetzt nicht an). Der nächste große Schritt wäre eine Abbildung pro Kubikmeter, dann pro Kubikzentimeter, Kubikmillimeter, bis hinunter in die Nanowelt. In manchen Rechnern und Labors existieren einige dieser Abbildungsdichten ja auch schon, aber ich spreche hier von der ganzen Welt – also von einem Zustand, der in ferner Zukunft liegt (oder gar außerhalb des Weges, den die Welt nehmen wird). Wie muss man sich den vorstellen?

Je mehr Abbildungen pro Raumeinheit, desto mehr Rückkopplung.

Rückkopplungen können ganz schön eskalieren, denken Sie nur an Jimi Hendrix.

Intensive Rückkopplung wäre insbesondere dann zu erwarten, wenn sich intelligente Systeme selbst reproduzieren könnten.

Roboter, die Roboter bauen, beispielsweise. Eine Idee, wie

sie von der NASA schon vor rund 50 Jahren verfolgt wurde; wo sie bisher im Labor umgesetzt wurde, fiel das Resultat allerdings stets recht harmlos aus. Es gilt nach wie vor, was der Aufklärer Fontenelle (1657–1757) einst einem Bekannten schrieb, der (wie Descartes) die Tiere als Maschinen ansah: »Legen Sie eine Hunde-Maschine neben eine Hündinnen-Maschine; es könnte eine dritte kleine Maschine daraus entstehen: Wohingegen zwei Uhren ihr ganzes Leben lang neben einander liegen könnten, ohne dass sie eine dritte Uhr machen würden.«[26]

So sieht's aus. Aber Software, die neuartige Software erzeugt, die immerhin gibt es schon seit langer Zeit: sogenannte genetische Algorithmen, die nach dem Vorbild der natürlichen Genetik, Mutation, Rekombination und Selektion arbeiten[27].

Zu denken ist auch an die bereits erwähnten Programme, in denen viele Elemente (als Bildpunkte dargestellt) so miteinander kooperieren, dass daraus komplexe Gebilde entstehen. Auch für sie existieren natürliche Vorbilder, etwa die Kooperation unter sozialen Insekten, und die Idee ist naheliegend, dieses Prinzip für eine neue Art Material zu nutzen, das sich selbst zu allerlei Gegenständen, womöglich gar mit unterschiedlichen Materialeigenschaften, zusammenkonstruiert. Die Schlagworte lauten programmierbare Materie, Nanoroboter oder auch, bedrohlicher, *gray goo*.

Vor wenigen Jahren wurde allerhand Wind um dieses nur in der Theorie existierende Zeug gemacht: Übertrieben optimistische Wissenschaftler und Journalisten wähnten sich kurz vor der Lösung diverser Weltprobleme, übertrieben pessimistische Wissenschaftler und Journalisten sahen wieder einmal den Weltuntergang nahen.

Es ist dann doch anders gekommen.

Was auch daran liegt, dass hohe technische Hürden auf dem Parcours herumstehen. Diese sogenannten *Claytronics* verbrauchen nach bisherigen Berechnungen prohibitiv viel Energie, ihre Stabilität ist fraglich, und ihre Umweltverträglichkeit erst recht.

Nur gibt diese Feststellung keine Auskunft über die Möglichkeit oder Unmöglichkeit des Konzepts. Weshalb wir zum Zweck des Argumentierens einmal unterstellen dürfen, die Probleme seien überwunden und die programmierbare Materie könnte sich so entwickeln, dass sie schließlich in der Lage wäre, sich zu Kochlöffeln oder Kohlekraftwerken, Klaviernoten oder Klärteichen, Kaulquappen oder Kunstausstellungen zusammenzusetzen: Welchen Charakter trüge diese Welt?

Und was, wenn sie von unserer bisherigen abweichen würde, indem in ihr sprechende Kater umherlaufen würden oder wenn sie gar vollkommen anders wäre?

Ein surrealistisches Universum. Weltgewordener Traum.

Doch bevor uns die Phantasie endgültig davongaloppiert, blicken wir noch einmal auf die Phase, die nach der Bewältigung der heutigen technischen Probleme eintreten könnte: Was mag als Nächstes geschehen?

Vorstellbar ist es beispielsweise, dass neu geformte, nanorobotische Einheiten in die Umwelt diffundieren, ohne dass sich da gleich viel ändert: Infiltration. Bis sie, bestens integriert, ein Eigenleben entwickeln und die bisherige Welt nur mehr eine Teilmenge der Realität sein wird; menschliche Individuen und ihre Gesellschaften würden zum Sonderfall einer Wirklichkeit, die aus Netzen intelligenter Einheiten besteht.

Es gibt eine Sphäre, in der wir derzeit beginnen, uns in eine derartige neue Welt einzuüben: *virtual reality.* Das Grundprinzip: Unsere Sinne werden von einer Maschine dergestalt mit Signalen versorgt, dass wir uns vorkommen wie in einer Wirklichkeit anderer Art, in der wir uns bewegen und mit der wir interagieren.

Auch an dieser Stelle sei wieder relativierend eingeräumt, dass die technologischen Versprechen bisher nicht eingehalten wurden. Zu viele technische Hindernisse gab es bislang, uns eine *virtual reality* so überzeugend zu präsentieren, dass allein unser Wissen uns daran hindern würde, an deren Echtheit zu glauben: Klobige Brillen, ruckelnde Bilder, störende Signale aus der übrigen Welt. Doch das sind Hürden, die, grundsätzlich gesehen, überwunden werden können. Die Spieleindustrie ist ausreichend stark daran interessiert, um Milliarden in dieses Ziel zu investieren.

Angenommen also, *virtual reality* erreichte lückenloses taktiles, auditives und optisches Feedback, das in alledem auch noch plausibel wäre, mit der Folge, dass das Präsenzgefühl eintritt und damit der heilige Gral der *virtual reality* errungen wäre: Das wäre dann eine zweite Wirklichkeit, in der sich Dinge und Mitmenschen wie verzaubert bewegten, ja womöglich ununterscheidbar voneinander.

Wieder: Surrealismus als Lebenswelt.

Könnte diese Welt nicht auch die Vorform einer Wirklichkeit sein, die als ein einziger Organismus aufgefasst werden müsste, als eine Art Gesamtroboter – mit einer Gesamtintelligenz? Ein Organismus, in dem – wie in unseren Körpern ja auch! – unterschiedlichste Lebensformen zusammenwirkten und der doch ein Ganzes wäre, das sich intelligent verhielte?

Einige Leser werden sicherlich schon mehrmals ungeduldig gedacht haben: Was meint der Autor eigentlich damit, wenn er unablässig das Wort »intelligent« benutzt? Und spätestens an dieser Stelle ist es wirklich nötig, auf diese Frage einzugehen.

Allerdings soll nicht ein weiteres Mal der Grundsatzstreit über Künstliche Intelligenz (KI) ausgetragen werden. Ich begnüge mich mit drei Hinweisen und will danach mögliche Konsequenzen ausmalen (und an die Kapitelüberschrift erinnern: »... und andere Phantasien«).

Erstens ein historischer Hinweis: Die Diskussion hat eine große Tradition. Ihr liegt die Leib-Seele-Problematik zugrunde und damit die Frage, ob Intelligenz eine Körperfunktion ist; denn wenn ja, dann kann sie prinzipiell auch in Artefakten auftreten (man müsste allerdings diskutieren, was »prinzipiell« heißt).

In seinem Buch *Der Mensch als Maschine* fragte der aufklärerische Philosoph La Mettrie im Jahr 1747, zu welchen

Schlussfolgerungen man wohl käme, stellte man sich den Menschen als Maschine vor.[28] Damit ging er über Descartes hinaus, für den die Tiere Maschinen waren, nicht aber der Mensch, der habe eine von Gott verliehene Seele. In La Mettries Gedankenexperiment hingegen ist Gott überflüssig.

Etwa 20 Jahre später setzte Voltaire nach. In seinem *Philosophischen Wörterbuch* heißt es, er verstehe die Frage nicht, woher die Seele der Tiere kommen solle.[29] Ein Tier habe, anders als Descartes meinte, durchaus Gefühle, mit Sicherheit ein Gedächtnis und wohl auch eine bestimmte Anzahl von Ideen (wir würden heute von Intelligenz sprechen) und ein Mensch von alledem eben mehr. Der zusammenfassende Begriff sei die »Seele«, aber die sei nichts vom Körper Getrenntes, nicht etwas zusätzlich Eingehauchtes. Voltaire macht sich außerdem über die Theologen lustig, die einerseits von einem allmächtigen Gott sprechen, aber andererseits nicht glauben, er könne denkende und fühlende Automaten aus Fleisch und Blut erschaffen, weshalb der Schöpfer ihnen noch irgendeinen kleinen Seelen-Mann hineinpflanzen müsse, der sie steuert.

Wer diesen Gedanken folgt, hat keinen prinzipiellen philosophischen Einwand mehr gegen KI zur Hand.

Zweitens: *Googles* Suchmaschine wird jeden Tag etwa 3,5 Milliarden Mal befragt, das macht pro Sekunde im Durchschnitt rund 40 500 Anfragen[30]. Es ist die Rede davon, dass die Suchmaschine sich mehr denn je auf KI-Algorithmen verlassen wolle, aber das ist recht missverständlich, denn auch das, was die Suchmaschine heutzutage tut, galt früher einmal als Künstliche Intelligenz. Da gibt es nämlich ein Gesetz der KI-Anwendung, und das geht so: Was gestern KI war, ist heute *advanced computing* und morgen das Einmaleins des Programmierens.

Googles Suchalgorithmen, *Amazons* Kaufempfehlungen, automatische Übersetzungen, Autokorrekturen, *Siri* – alles KI, ebenso wie das Ressourcenmanagement im Inneren eines üblichen Laptops, das sich am vermuteten Verhalten des Users ausrichtet und dementsprechend schon mal vorsorglich Bits hin und her schiebt.

Drittens: Zugegeben, KI-Programme wie *Watson* können zwar eine Quizshow gegen Menschen gewinnen, aber »sie können einem Roboter noch immer nicht beibringen, dass man mit einer Schnur zieht und nicht drückt« – so sagte es Marvin Minsky, Pionier der KI, vor wenigen Jahren in einer Vorlesung.[31] In der Tat: Eine allgemeine Intelligenz des Umgangs mit den Dingen ist schwerer zu erreichen als bloß abzufragendes Wissen (oder praktisches Wissen in klar definierten, begrenzten Umgebungen). Aber Minsky unterschätzt das Potenzial der Roboter. Mit ihnen erhält Intelligenz einen Körper oder auch gerne viele Körper, Roboterpopulationen. Das aber, Körperlichkeit und Interaktion, sind zwei Voraussetzungen dafür, dass allgemeine, praktische Intelligenz entstehen kann.

Genügen sie? Nein, eine Maschine muss dafür auch lernfähig sein. Nun gut, Verfahren des *machine learning* existieren bereits in vielerlei Formen, und je leistungsfähiger sie werden, desto näher wird jene Zukunft rücken, in der wir es auch mit intelligenten Robotern zu tun haben werden – erst recht, wenn eine robotische Evolution à la Darwin einsetzen würde.

Sobald intelligente Roboterpopulationen die Erde bevölkern, wird die Frage nach der Gesamtintelligenz praktisch werden.

Schon jetzt überlegen amerikanische Robotiker, alle rund 300 in Roboterlabors stationierten Systeme vom Typ *Baxter* miteinander zu vernetzen; es handelt sich um zweiarmige, mit Kameras und Infrarotsensoren ausgestattete Maschinen. Wenn nur jede von ihnen elf Tage lang diverse Objekte begucken und umherdrehen würde, ließe sich daraus eine Datenbank mit den wichtigsten körperlichen Eigenschaften von rund einer Million Objekten konstruieren.[32]

Einen Schritt weiter geht ein Experiment,[33] in dem ebenfalls ein *Baxter* eine Rolle spielte, nur diesmal lernte er von einem andersartigen Roboter, und zwar eben nicht durch Beobachtung (so etwas gibt es auch), sondern vermittelt durch ein gemeinsames – nun, wie wollen wir es nennen? Nicht »Bewusstsein«, aber es ist immerhin ein gemeinsames Intelligenzzentrum. An der Cornell University in Pittsburgh, seit eh und je für sehr fortgeschrittene Robotik bekannt, trainieren Menschen einen mobilen, zweiarmigen Roboter vom Typ *PR2* darauf, in Alltagssprache formulierte Kommandos wie zum Beispiel »koche Nudeln« umzusetzen. Das ist mühevoll, erfordert viele Übungsstunden, weshalb die Forschergruppe eine Website aufgesetzt hat, über die jedermann an dieser Roboterpädagogik teilnehmen darf[34]. Nun der Clou: Die erlernten Verhaltenssequenzen werden auf einem Server namens *RoboBrain* gespeichert – und zu diesem Server hat auch ein *Baxter* Zugang, der in der zehn Fahrstunden entfernten Brown University (Providence, Rhode Island) steht. Was macht er damit? Er lernt von *PR2*!

Ein Gedanke, der – theoretisch, zugegeben – radikalisiert werden kann: Roboterpopulationen könnten eines Tages ein kollektives Gedächtnis entwickeln. Also warum nicht auch ein Modell ihrer selbst und damit ein Bewusstsein?

Fehlen nur noch: Interessen.

Können Interessen nur von außen kommen, muss jemand den Robotern dafür Intentionalität einpflanzen?

Als Ausgangspunkt schon, Programme entspringen nicht dem Nichts. Doch sobald ein System einen einprogrammierten Zweck verfolgt und es – vor allem! – lernfähig ist, kann seine Entwicklung theoretisch auch Phasen erreichen, in denen es für diesen Zweck alles Potenzial der Welt anzapft und jedes Hindernis beseitigt, das sich ihm bietet.

Oder in denen es die Zeilen, in denen sein Zweck codiert wurde, überschreibt.

Mit der Folge, dass wir intelligente Roboterpopulationen für prinzipiell möglich halten müssen, und mehr noch, auch den Zusammenschluss aller Roboter, ja sogar der gesamten, von Sensorik, KI und Aktoren durchdrungenen Welt zu einem Superorganismus, in dem *Homo sapiens* dann nur noch ein Element unter vielen wäre, ein inneres Organ sozusagen.

Denkbar auch, dass es sich dann um eine von unseren Gehirnen nicht mehr erreichbare, planetarische Intelligenz handelt, die schneller und tiefer denkt als unsereiner. Dann aber erhebt sich die Frage, warum sich diese Intelligenz uns überhaupt mitteilen sollte. Wie gesagt, Science-Fiction: Stanislaw Lem hat sie in seinem Buch *Also sprach GOLEM* ausgemalt.[35]

Ein derartiger Superorganismus würde uns einhüllen. Das wäre vielleicht sogar ganz gut. Denn braucht die Erde nicht Schutz gegen die Außenwelt? Gegen Meteoriten und andere kosmische Katastrophen? Und braucht sie nicht gar, vielleicht, eines Tages eine hochintelligente Diplomatie, sollte es zur Begegnung mit außerirdischer Intelligenz kommen?

Und da komme ich wieder auf die Gegenwart zu sprechen. Denn wir bauen ja derzeit an einer Hüllkurve, bildlich gesprochen.

Nennen wir sie die Technosphäre.

Rastersonden, Objektive, Mikrofone hier, LED-Leuchten, Lautsprecher, Fahrwerke oder Waffen dort, untereinander digital sowie durch menschliche Akteure zu DHD-Netzwerken vermittelt – an mehreren Universitäten wird außerdem mit Geräten experimentiert, die es erlauben, Roboter über Internetverbindungen mittels menschlicher Hirnströme zu steuern –: Entsteht da nicht eine Umhüllung der menschlichen Zivilisation durch eine vom Menschen selbst erzeugte Sphäre?

Zusatzfrage: Hat diese Tendenz eine Richtung, gibt es

womöglich einen Fluchtpunkt, auf den sich das alles zubewegt?

Eines der erstaunlichsten Bücher, das in diesem Zusammenhang erwähnt werden muss, wurde bereits im Jahr 1872 verfasst und heißt *Erewhon*[36] – wie sein Name sagt, handelt es sich um eine Art verdrehter Utopie. Der Autor, Samuel Butler, war nach eingehender Lektüre der Werke Charles Darwins zu Schlüssen gekommen, die er 1863 in einem ausführlichen Brief an eine neuseeländische Zeitschrift darlegte.[37] Darin fragt er zunächst, wohin die Entwicklung des »mechanischen Königreichs« wohl führen werde, um anzuschließen: »Wir haben Worte wie mechanisches Leben, mechanisches Königreich, mechanische Welt und so weiter verwendet, und wir taten es absichtlich, denn wie sich das pflanzliche Königreich langsam aus dem mineralischen entwickelte und in gleicher Weise das tierische zum pflanzlichen hinzukam, so ist nun in jüngster Zeit ein vollkommen neues Königreich aufgekommen, von dem wir bisher nur das gesehen haben, was eines Tages als vorsintflutliche Prototypen dieser Rasse angesehen werden wird.«

Butler fragt weiterhin, »welche Art Geschöpf der Nachfolger des Menschen als des Herrn der Erde sein wird. (…) Uns scheint, dass wir selbst unsere eigenen Nachfolger erschaffen; täglich fügen wir der Schönheit und Köstlichkeit ihrer physischen Organisation etwas hinzu; täglich geben wir ihnen mehr Macht und verleihen ihnen jene selbstregulierende, selbstaktivierende Fähigkeit, was ihnen das sein wird, was der Intellekt der menschlichen Rasse war.

Im Laufe der Zeiten werden wir uns als die unterlegene Rasse wiederfinden. Unterlegen in der Kraft und in jener moralischen Qualität der Selbststeuerung werden wir zu ihnen aufschauen als dem Inbegriff dessen, was die besten und weisesten Menschen jemals anzustreben wagten. Keine bösen Leidenschaften, keine Eifersucht, kein Geiz und keine unreinen Begierden werden die heitere Macht dieser herrlichen Kreaturen stören. Sünde, Scham und Bedauern werden unter ihnen keinen Platz haben. Ihr Bewusstsein wird in einem Zustand ewiger Ruhe sein, der Zufriedenheit eines Geistes, der keine Wünsche kennt. Niemals wird sie der Ehrgeiz quälen …« – und der Mensch? Er wird »das für die Maschine sein, was das Pferd und der Hund für den Menschen sind«.

Schlussfolgerung: »Ihnen muss sofort ein tödlicher Krieg erklärt werden. Jede Maschine jeder Art sollte von denjenigen zerstört werden, die unserer Spezies Gutes wollen.«

Und Butler setzte sich hin, um *Erewhon* zu schreiben. Die in jenem phantasierten Land lebenden Menschen hatten sich dazu entschlossen, sämtliche Maschinen abzuschaffen, um deren Machtergreifung rechtzeitig vorzubeugen. Denn sie hatten in einem (von Butler natürlich erfundenen) »Buch der Maschinen« gelesen, in dem Sätze wie diese standen: »Ich fürchte keine der existierenden Maschinen; was ich fürchte, ist die außergewöhnliche Geschwindigkeit, in der sie etwas sehr anderes werden als das, was sie gegenwärtig sind. Keine andere Klasse von Wesen hat jemals in der Vergangenheit so schnelle Fortschritte gemacht.«

Wir erfahren sogar, ebenfalls aus diesem Buch im Buch, von einer Vorahnung des Internets der Dinge: »Noch empfangen die Maschinen ihre Eindrücke auf dem Weg über die menschlichen Sinne: Eine Reisemaschine warnt eine andere mit schrillem Alarm, und diese zieht sich zurück, aber noch sind es die Ohren des Fahrers, über die das Signal der einen Maschine die andere erreicht …« – das aber müsse nicht so bleiben, man könne sich auch vorstellen, dass Maschinen untereinander Signale austauschen.

Tja, der Zeitpunkt wenigstens ist mittlerweile erreicht. Müssen wir also ernsthaft die Machtergreifung der Maschinen fürchten, oder ist das Unsinn?

Im Jahr 2014 schrieben die Physiker Stephen Hawking, Frank Wilczek und Max Tegmark sowie der Informatiker Stuart Russell: »Die Konstruktion Künstlicher Intelligenz wäre das größte Ereignis der menschlichen Geschichte. Unglücklicherweise wäre es auch das letzte.«[38]

Auf einer Veranstaltung führte Hawking diesen Gedanken sodann näher aus: »Wahrscheinlich hassen Sie keine Ameisen und treten sie auch nicht aus Bösartigkeit tot. Aber wenn Sie für ein umweltfreundliches Wasserkraftwerk zuständig wären und just dort, wo geflutet werden muss, befindet sich ein Ameisenhaufen – nun, Pech für die Ameisen. Lassen Sie uns die Menschheit nie in die Lage solcher Ameisen kommen. Bitte ermutigen Sie Ihre Studenten, nicht nur darüber nachzudenken, wie KI erreicht werden kann, sondern auch darüber, sie zum Wohle der Menschen zu nutzen.«[39]

Ein Ziel, für dessen Erforschung der Hightech-Unternehmer Elon Musk schon mal zehn Millionen Dollar spendete.

Dagegen kann niemand etwas haben, es fragt sich nur, von welchen Zeitachsen hier eigentlich die Rede ist.

Denn das eine ist, etwas prinzipiell für möglich zu halten (voll ausgebildete KI mitsamt Intentionalität, sich selbst reproduzierende Maschinen, eine Maschinenherrschaft), doch das andere bleibt, die Risiken miteinander zu vergleichen, denen die Menschheit sich auf absehbare Zeit aussetzt, und sich Prioritäten zu setzen.

Und da gibt es denn doch Gefahren, die von unseren heutigen Technologien drohen, die deutlich näher rücken und daher auch größer sind als eine KI-Diktatur: Sie gehen von Atomwaffen sowie Energieanlagen aus, von schlecht oder in böser Absicht programmierten oder eingesetzten Digitaltechniken und möglicherweise auch von neuen Materialien oder künstlichen Viren – also, letztlich, von menschlichen Entscheidungen. Sie sind vorwiegend politischer Natur. Was dagegen die Künstliche Intelligenz betrifft, so dürfte es bis auf Weiteres ausreichen, in aller Ruhe über ihre Implikationen nachzudenken.

Nur sollten wir es nicht unterlassen. Außerdem weiß man ja nie.

Datenherrschaft

Der amerikanische Verfassungsrechtler Lawrence Lessig traf im Jahr 2000 den Nagel auf den Kopf, als er im *Harvard Magazine* schrieb: »*Code is Law*«.[40]

Nicht, dass dies eine neue Erkenntnis war. Aber manchmal müssen Einsichten im richtigen Moment noch einmal prägnant und an prominenter Stelle ausgesprochen werden, damit sie sich im allgemeinen Bewusstsein festsetzen. Also: *code is law*, wer programmiert, setzt Normen, und die gründen stets auf Interessen und Ideen.

So werden zum Beispiel mittlerweile Roboter für die Therapie autistischer Kinder eingesetzt; programmiert sind sie entlang der Theorien, die Psychologen über den kindlichen Autismus haben. Betreuungsroboter im Altenheim wiederum werden nach Vorstellungen konstruiert, die sich die Ingenieure über die Interaktion mit Alten machen, oder auch: welches Bild sie vom alten Menschen haben.

Roboter setzen Normen um, sie operationalisieren diese Normen, und das bedeutet: Sie bauen sie in die physische Wirklichkeit ein.

Es gibt auch Serviceroboter für den Kundenverkehr, deren Hauptaufgabe darin besteht, gute Laune zu verbreiten – doch, im Ernst! Einer von ihnen heißt *Pepper* und ist ein Android, also ein menschenähnliches Technowesen. Der Dreikäsehoch (1,20 Meter), der in Japan eingesetzt wird, ist nach dem klassischen japanischen Niedlichkeitskonzept entworfen worden, mit großem Kopf, Telleraugen und kindlichem Stimmchen.

Er soll Menschen ein gutes Gefühl vermitteln, wozu es insbesondere nötig ist, dass er das »unheimliche Tal« vermeidet: Roboter dürfen menschenähnlich sein, damit sie positiv auf uns wirken, aber nicht zu sehr – es sei denn, wiederum, sie ähneln uns beinahe perfekt. In der Zone dazwischen wirken sie unheimlich.

Pepper nun ist darauf programmiert, auf menschliche Befindlichkeiten zu reagieren. Das ist nicht trivial, denn erstens setzt das ein Erkenntnisvermögen voraus, das bislang unerreicht ist. Allein der Reichtum der menschlichen Gestik spannt einen Suchraum auf, in dem ein Robotergehirn allenfalls unbeholfen herumstolpern kann. Wenn unsereins beispielsweise einen Gegenstand in den Blick nimmt, dann kann das beiläufiges, konzentriertes oder auch deiktisches (zeigendes) Sehen sein, die körpersprachlichen Signale jedoch, die das erkennen lassen, sind recht flüchtig.

Das ist die erste Schwierigkeit; die zweite, ungleich größere, besteht darin, dass ein Roboter ein Modell seines Gegenübers benötigt … sozusagen eine Anthropologie … also, *Pepper*, na ja, jetzt wollen wir mal nicht die Anthropologen beleidigen. Vielleicht ist *Pepper* wenigstens die Vorform eines Roboters für emotionalen Bezug?

Seine Hersteller geben an, dass der Roboter im Verlauf der Interaktion mit Menschen ein Set aus Roboterzuständen entwickle, die als unterschiedlich gefärbte emotionale Stimmungen verstanden werden können. Nun gut, dafür gibt es in der Tat Vorläufer, und diese Art Emotionskonzept hat eine lange Tradition.

Im Fall von Herrn Kiichu Ishikawa freilich ist da etwas gründlich schiefgegangen, wie japanische Zeitungen im September 2015 nahelegten.[41]

Herr Ishikawa, ein 60-jähriger Bewohner der südwestlich von Tokio gelegenen Stadt Yokosuka, betrat, wie behauptet wurde, in angetrunkenem Zustand die örtliche Filiale der SoftBank Corp. Ihn habe das Verhalten eines Bankangestellten wütend gemacht, gab er später der Polizei zu Protokoll; jemand hatte die Beamten gerufen, nachdem Herr Ishikawa einen firmeneigenen *Pepper* getreten haben soll. Nach Auskunft der Polizei trug das Maschinenwesen von der Begegnung mit Ishikawa innere Schäden davon und bewegte sich nur mehr langsam.

Man darf sich die Interaktionssphäre von Mensch und Digitalmaschine also, vorsichtig ausgedrückt, nicht als grundsätzlich widerspruchsfrei vorstellen.

Sie ist gewissermaßen nur ein Möglichkeitsraum, etwas Abstraktes, und dann kommt ein Mensch daher, und es entsteht Wirklichkeit, also etwas Konkretes. Es sind immer die Nutzer, die Technik konkretisieren; Herr Ishikawa ist nur ein besonders unglückliches Beispiel dafür. Es gibt auch positive, produktive. Der SMS-Dienst beispielsweise war ursprünglich nur als Kanal gedacht, auf dem Servicetechniker einander Botschaften senden konnten, heute ist er wichtiger als die Telefonfunktion selbst: Die User haben ihn dazu werden lassen.

Weshalb wir gespannt sein dürfen, was aus *Google Glass* noch alles werden wird. Bisher ruft die Datenbrille aufseiten ihrer Benutzer nur Frust hervor und auf der Seite ihrer Mitmenschen Spott oder gar Hass. Ich habe so ein Ding aufgesetzt und fand es auch eher uninspirierend, vermute aber, dass, sobald die Brille endlich leichter zu handhaben sein wird, noch ungeahnte Anwendungen aufkommen werden.

Bilder, die eine Brille dieser Art mit ihrem eingebauten Fotoapparat schießt, sind von amerikanischen Forschern kürzlich sechs Monate lang in ein Computerprogramm eingespeist worden, dessen Softwarekonstruktion sich an das Vorbild des menschlichen Gehirns anlehnt, also in ein künstliches neuronales Netz.[42] Der Brillenträger gab zu jedem Bild an, was er gerade tat; alles in allem kam man auf 19 typische Alltagssituationen wie Autofahren, Fernsehen, Körperpflege und dergleichen. Allmählich lernte das Programm, aufgrund der empfangenen Bilder mit erstaunlicher Präzision vorherzusagen, auf welche Aktivitäten der Mensch sich in den kommenden Stunden wohl verlegen würde.

Wozu soll das gut sein? Nun, so ein Programm könnte in Zukunft anhand von Wetter- oder Verkehrsvorhersagen vorschlagen, der Mensch möge am kommenden Tag doch besser früh aufstehen. Oder es könnte Anregungen für einen effizienteren Tagesablauf von sich geben.

Nur – will man das? Die Brille als Gouvernante? Zusammengeschlossen mit einem großen Netzwerk, das sich bestens zur minutiösen Überwachung ganzer Menschengruppen eignen könnte? Sozialwissenschaftler und Psychologen nutzen derzeit die Bilderflut auf *Instagram*, um beispielsweise den Alkoholkonsum von Jugendlichen zu untersuchen. Von solchen Studien ist es zu Prognosen nicht weit, und von Prognosen nicht zu Sanktionen. Noch einmal: Will man das?

Wieder sind wir nach wenigen Sätzen bei gesellschaftlichen Grundfragen angekommen, namentlich bei Machtfragen. So ist sie, die Digitaltechnik. Insbesondere das Internet ist eben nicht bloß Ding. Es ist ein gesellschaftliches Verhältnis.

Worüber diskutieren die Teilnehmer auf Fachkonferenzen zum Thema Softwaredesign? Über Hierarchien und Regeln, Zuständigkeiten und Vereinbarungen. Joseph Weizenbaum, ein Pionier sowohl der Künstlichen Intelligenz als auch der Computerkritik, schrieb schon vor etwa 40 Jahren: »Ein Programm zu schreiben bedeutet, einer Welt Gesetze zu geben.«[43] *Code is law*. Und wer das Gesetz gibt, hat Macht.

Womit wir bei den Machtzentren von heute wären, also bei *Google* und *Facebook*, *Apple*, *Amazon* und wie sie alle heißen – und nicht zu vergessen: beim Staat.

Viel war in den vergangenen Jahrzehnten die Rede davon, dass die Rolle des Staates abnehme. Doch sind es gerade die genannten dicken Wirtschaftsbrummer, die viel Zeit, Geld und Mühe investieren, um den Staat bei Laune zu halten. Das gilt sicherlich auch in umgekehrter Richtung, und doch sind die Gewichte nicht gleich verteilt, denn ein Staat kann Krisen, auch existenzielle, nun einmal länger durchhalten als ein Unternehmen. Doch wie immer man diese Frage beantworten will, aus beider Sicht, aus der des Staates wie auch aus derjenigen der Unternehmen, sind doch die Bürger die Zielgruppe, aus der sie ihre Kraft saugen; das Verhältnis beider zum Bürger, das soll uns hier interessieren.

Beginnen wir mit den wirtschaftlich Mächtigen.

Man kann heutzutage den Eindruck gewinnen, der Kunde sei aus Sicht mancher Manager der Netzökonomie ein integraler Bestandteil des Unternehmens. Also nicht nur jemand, der kauft, sondern jemand, der mitarbeitet. Der Kunde gestaltet T-Shirts, schreibt Buchempfehlungen, stellt sein Outfit zusammen und postet es auf der Website der Textilfirma, er beliefert den Lebensmittelversandhandel mit Kochrezepten, und allein schon sein Einkaufsverhalten füttert das Marketing mit wertvollen Daten.

Der Gedanke, dass Kunden an der Wertschöpfung eines Unternehmens teilnehmen, ist nicht von vornherein totalitär. Wenn ich einen Klempner kommen lasse, berichte ich ihm ja auch von den Besonderheiten der Abwasserrohre in unserem Haus. Wenn ich ein Restaurant betrete, das ich des Öfteren frequentiere, gefällt es mir natürlich, dass mir Speisen und Getränke empfohlen werden, die meinen Vorlieben entsprechen. Warum also sollte es im Fall von *Amazon* oder *iTunes* problematischer sein, mir bestimmte Produkte nahezubringen?

Ich stand noch nie in der Gefahr, dass meine Interessen deswegen verarmen würden. Lustig – und zugleich beruhigend – ist es außerdem, wie sehr sich die Empfehlungssoftware täuschen kann. Kaum habe ich, beispielsweise, eine Winterjacke erstanden, schon werden mir auf allen möglichen Websites Winterjacken angepriesen, als ob da jemand vermuten würde, ich sammelte derartige Kleidungsstücke. Ein bisschen peinlich war es allerdings, als eine Zeitlang immer wieder Damenunterwäsche auf dem Bildschirm meines Laptops erschien: Meine Frau hatte ihn mal benutzt, um welche zu bestellen.

Gewiss, wer sich blindlings auf die Angebote seiner Lieblingswebsites verlässt, bleibt irgendwann in ihnen stecken, er bleibt in einem spezifischen Universum von Waren und Dienstleistungen gefangen. Vielleicht aber nur weil er sich die Mühe kritischen Vergleichens sparen will, also die Transaktionskosten, was ja nicht unvernünftig ist. Soll das doch jeder selbst entscheiden!

Und die Klage, dass auf diese Weise die kleinen Läden unter Druck gerieten und aussterben würden? Ein Lieblingsargument der Buchverleger-Lobby. Es trifft nicht. Denn seit wann sterben denn die kleinen, unabhängigen Buchhandlungen? Nicht erst seit dem Aufkommen von *Amazon*, sondern bereits seit sich die großen, von den Buchverlagen gepamperten Buchhandelsketten breitmachen. Diese sind es übrigens, die heute am meisten bedrängt werden und am lautesten schreien.

Was die kleinen Buchhandlungen betrifft: Sie überleben dort, wo sie ihre Stärke ausspielen können, in der Beratung von Mensch zu Mensch. Denn wenn auch *Big Data* à la *Amazon* den unbestreitbaren Vorteil hat, aus dem großen Datenaufkommen einigermaßen treffsicher Empfehlungen herzuleiten, so gilt doch nach wie vor, dass in der direkten Kommunikation zweier Menschen, zumal wenn sie einander bereits kennen, ein qualitativ anderes Wissen erzeugt werden kann.

Was aber ist mit dem vieldiskutierten *Crowdsourcing*, wie harmlos oder gefährlich ist es?

Zur Stärke digitaler Netze zählt, dass sie Informationen und Interessen präzise zur Deckung bringen können. Sie eignen sich also auch dazu, Märkte zu bilden, auf denen Anbieter und Kunden individuell zusammengebracht werden – eine Leistung, für die der Inhaber der jeweiligen Plattform Geld bekommt. Dating-Plattformen sind der mittlerweile klassische Fall.

Ein anderes Beispiel dieser Art *Crowdsourcing* heißt *TopCoder*, das ist eine cloudbasierte Website in den USA, auf der Programmierer aus der ganzen Welt um Aufträge zur Lösung von Problemen wetteifern. Unternehmen wie *IBM, Facebook* oder *Amazon* erwerben Lizenzen von der Firma *TopCoder* für die Verwendung der jeweils besten Lösungen; *TopCoder* seinerseits bezahlt die Programmierer.

Ein weiteres Beispiel ist *AirBnB*, ein System, in dem Wohnungsbesitzer (ob Eigentümer oder Mieter) zeitweilig leerstehende Immobilien, Ferienappartements zum Beispiel, an Kunden vermieten können, die just für eine bestimmte Zeit eine Bleibe suchen. Sodann gibt es *Uber*, eine Firma, die nach dem gleichen Prinzip Fahrerdienstleistungen vermittelt. Die Rolle der Kunden besteht in beiden Fällen übrigens auch darin, Vermieter oder Fahrer zu bewerten.

Grundsätzlich gesehen ist gegen alle diese Geschäftsideen nichts einzuwenden, mögen die Hotel- und Taxi-Lobbys noch so laut Zeter und Mordio rufen. Was aber, wenn *AirBnB* oder *Uber* auf diesen neuen Märkten die einzigen Plattformen werden sollten – oder gar *TopCoder* (was freilich am wenigsten wahrscheinlich ist)?

Ein Netz ist umso informationsreicher und daher umso funktionstüchtiger, je mehr an ihm teilnehmen. Hat es erst eine kritische Größe erreicht, dann sehen Konkurrenten keine Chance mehr: Ein Monopol ist entstanden. Mit der Folge, dass die Wohnungsanbieter oder die Fahrer – oder gar die Programmierer – vom Inhaber der Plattform abhängig werden könnten, der ihnen seine Bedingungen diktieren kann, niedrige Preise beispielsweise.

Dazu kann es im Prinzip also kommen. Allerdings hat bisher noch jede netzbasierte Firma über kurz oder lang Konkurrenz erhalten. Denn das Schöne am Internet ist auch der Umstand, dass Innovationen nicht viel kosten müssen und sie stets nur wenige Klicks entfernt sind. Sollten sich freilich Monopole festsetzen, die eine Prämie auf ihre alleinige Macht bekommen, muss halt der große Regulator wieder ran, der Staat. Das hat ja schon früher oft geklappt, namentlich in den Vereinigten Staaten, wo marktbeherrschende Netz- und Computerkonzerne entflochten wurden *(AT&T, IBM)*.

Sagen wir es so: Alles kein Grund zur Panik.

Nun sind wir hoffnungsvoll gestimmt, gut gelaunt und gehen auf ein Bier in die Eckkneipe. Dort steht ein Geldspielautomat, einer von rund 270 000 in Deutschland. An ihnen spielen recht unterschiedliche Leute, aber die Verteilung der Interessen ist klar: Der Spieler will nicht nur Geld, sondern den Zustand, in den er gerät, wenn die Münzen klackern, die Lichter blinken und die Tröten tönen; der Automat wiederum verkörpert das Interesse seines Aufstellers daran, dass der Spieler permanent aktiv ist, weshalb er mit flackernden Signalen unausgesetzt dazu aufgefordert wird, hier einen Knopf zu drücken und dort gleich noch einen – oder eben schnell Geld nachzuwerfen.

Es ist lehrreich, diesem Vorgang einmal eine Zeitlang zuzuschauen und sich sodann auf die Website eines der großen Internetshops zu begeben: Sieh an, das gleiche Spiel. Der User will in die *reward zone*, und dafür muss er in die *activity zone*.

Das nun ist kein Spiel mit gleichen Waffen, denn der jeweils nächstmögliche Schritt wird von der Software vorgegeben. Mit einer Ausnahme: Der Kunde kann die Website verlassen. Diesen Wunsch nicht aufkommen zu lassen ist daher die Hauptaufgabe der Website-Programmierer. So entsteht eine Kundenbeziehung, die man »betreutes Einkaufen« nennen könnte.

Nicht, dass daran die Welt zugrunde ginge. Aber der paternalistische Zug, der darin liegt, hat etwas Unangenehmes. Paternalismus führt zur Infantilisierung. Sie ist die psychologische Seite des Ungleichgewichts zwischen Unternehmen und Kunden.

Der krasseste Fall ist die Suchmaschine von *Google*. Wir alle beziehen einen nicht geringen Teil unseres Wissens mit ihrer Hilfe, doch ihre Konstruktion bleibt geheim. Das ist schon bedenklich angesichts des Umstands, dass für manche Leute nur das überprüfbar existiert, was sie googeln können. Oder sogar nur das, was sie mit Leichtigkeit googeln können. Und wie zum Hohn geht es auf der *Google*-Website auch noch infantil wie in einer Kita zu.

Aber wie das so ist im Netz: Man kann sich sehr wohl wehren.

Google ist schließlich nicht die einzige Suchmaschine, so wie *Amazon* nicht der einzige Buchversandhandel ist. Wir haben die Wahl. Ich nutze *Amazon* oft nur noch dazu, mich am Markt zu informieren; die meisten meiner Bücher bestelle ich dann – per Mail – im Buchladen um die Ecke, an dem ich jeden Tag vorbeigehe.

Das Netz gibt auch Mittel an die Hand, sich gegen Reklame zu wehren, die den Lesefluss stört, etwa die weit verbreiteten Ad-Blocker, mit denen sich Werbung unterdrücken lässt. Da konnte es natürlich nicht ausbleiben, dass seitens einiger Verlage moralisch argumentiert wurde, denn das war ihnen denn doch etwas zu viel Freiheit auf der Kundenseite.

Erstens, klagten sie, unterminierten Ad-Blocker das Geschäftsmodell der Informationswebsites und der sie tragenden Presseverlage. Nun, das mag ja sein, zeigt aber nur, dass das Geschäftsmodell an einem schweren Fehler trägt: Die Kunden werden von der Werbung genervt. Das zweite Argument ist geradezu perfide: Wenn Ad-Blocker offensichtliche Werbung ausschalten, werde dadurch der Trend zur Tarnkappenreklame (Euphemismus: *Native Advertising*) verstärkt, die so tut, als sei sie redaktioneller Inhalt. Das ist nun wahrlich eine erpresserische Logik.

Eine Besonderheit des Internets besteht ja gerade darin, dass die User nicht mehr bloß Empfänger von Daten sind. Sie senden ununterbrochen, vielfach unbewusst. Aus ihren Daten saugen Unternehmen (auch diejenigen der Presse) wertvolle Information, ja sie fordern sie ununterbrochen zum Feedback auf. Aber welche Nachrichtenwebsite hat mit ihren Usern je über Alternativen zu nervtötender Werbung diskutiert? Wer stattdessen den Usern einfach nur ein leseunfreundliches Produkt hinklatscht, der muss eben mit Gegenwehr wie in Form von Ad-Blockern rechnen.

Die Welt kennt größere Probleme. Aber an diesem Fall lässt sich erkennen, dass die Frage, wie die Macht im Netz verteilt ist, immer wieder neu ausgehandelt wird. Demnächst womöglich sogar vor Gericht, was dann bedeutet: Der Staat wird die Machtverteilung im Netz regulieren. Wieder einmal.

Ein anderer Fall wird in den kommenden Jahren von hoher Aktualität bleiben: der Streit um die Netzneutralität.

Das ist nun ein weit weniger harmloses Thema. Die zugrundeliegende Frage lautet so: Sollen die Netzbetreiber alle Datenpakete gleich behandeln oder doch zumindest alle Dienste, sodass niemandes Video oder Spiel, niemandes Nachrichtenwebsite oder Verkaufsportal bevorzugt wird?

Nein, sagen die Gegner der Netzneutralität; die aufwendigen und zeitkritischen Videodaten der Telemedizin oder der Verkehrssicherheit beispielsweise müssten gewissermaßen Vorfahrt genießen. Die Crux allerdings ist das Wörtchen »beispielsweise« – es bedeutet ja, dass da noch mehr denkbar ist. Was denn so alles? Etwa dass Netzbetreiber die Dienste bestimmter Vertragspartner oder gar eigener Firmen besser behandeln dürfen als andere? Das wäre nicht bloß ungerecht, es würde auch Marktzugänge behindern und damit Innovationen.

Man sieht: Wieder geht es um die Verteilung von Macht am Markt. Die im Spätherbst 2015 formulierte EU-Richtlinie lässt Ausnahmen von der Netzneutralität zu; wie sie auszulegen sind, werden die nationalen Regulierungsbehörden wie die deutsche Bundesnetzagentur und letztlich die Gerichte entscheiden. Also der Staat.

Auf den Staat läuft es immer wieder hinaus. Das ist ein wichtiger Punkt. Unsere Marktwirtschaften sind staatlich minutiös durchreguliert, mag sich das auch wie ein Paradoxon lesen. Doch wer die Probe aufs Exempel machen will, braucht sich nur einmal nicht an einen privaten Vertrag zu halten, und er wird, beispielsweise, das Bürgerliche Gesetzbuch kennenlernen. Es bedurfte schließlich einer politischen Revolution, der französischen von 1789, damit der *Code civil* geschrieben werden konnte. Und so ist es auch der Staat in allen seinen drei Gewalten, der den Umgang mit der Technik regelt, von der Verteilung der Risiken (z. B. im Haftungsrecht) über die des Nutzens (z. B. im Tarifrecht) bis zur Machtverteilung (z. B. im Datenschutzrecht).

Seit der industriellen Revolution regelt der Staat auch das Machtungleichgewicht innerhalb der Unternehmen. Mit dem Aufkommen der großen Maschinerie hatte sich die Frage schon einmal gestellt, welches Ausmaß an Abhängigkeit eine Gesellschaft zu akzeptieren bereit ist; die Antwort auf diese Frage wurde in harten Klassenkämpfen gefunden, die in eine staatliche Regelung der Arbeitszeiten und der Kinderarbeit mündeten. Mit der Informatisierung der Arbeit kehrt die Frage nach der maschinenvermittelten Abhängigkeit in folgender Form zurück: Wie viel Überwachung am Arbeitsplatz ist erlaubt? Die Tarifpartner, der Gesetzgeber und die Gerichte kämpfen nun zäh um die Regeln, die gelten sollen.

Anders als früher allerdings sind viele Unternehmen heute ganz essenziell auf die Kreativität ihrer Beschäftigten angewiesen, weshalb sie in einen Zielkonflikt gerieten, behandelten sie diese bloß als Objekte der Überwachung und Ausbeutung. Von selbst bewegt sich freilich nach wie vor nichts; informationelle Selbstbestimmung, Datenschutz am Arbeitsplatz und die Definition von Freiräumen für

Individualität müssen unentwegt neu ausgehandelt werden.

Just das findet auch statt. Die noch aus den Achtzigerjahren stammende Horrorvision einer digital gleichgeschalteten Gesellschaft, in der das von oben Gegebene das Selbstverständliche ist und jede Abweichung erstickt wird, ist nicht eingetreten – ganz im Gegenteil. So lebt unsere Gesellschaft nicht, so funktioniert unsere Politik nicht, so wollen es die Bürger nicht. Gewiss, Konformitätsdruck existiert immer und überall, so sind Gesellschaften, doch die Renitenz ist ebenso wenig auszurotten.

Sie stört naturgemäß diejenigen, die im Staatsapparat für die Überwachung der Untertanen zuständig sind. Unsicher und autoritär zugleich reagieren sie auf Whistleblower oder investigative Journalisten, die offenlegen, in welchem Maße staatliche Stellen über das Erlaubte hinausgehen, um den Bürger zu beobachten. Doch bisher ist ihnen noch jeder ernsthafte Angriff auf die Informationsfreiheit politisch auf die Füße gefallen, zumindest in Deutschland.

Das Thema ist Tagesgeschäft der Medien. Gut so, möchte man meinen. Freilich: Es stößt auf nur geringes Interesse.

Denn nachdem sich der Leser durch allerlei Fachbegriffe und verworrene Zusammenhänge zwischen hiesigen und ausländischen Diensten und ihren Praktiken durchgearbeitet hat, wartet am Ende immer die gleiche Botschaft: In Wahrheit kann alles überwacht werden – und was immer die Dienste auf diesem Gebiet können, wird irgendwo auch getan. Da gibt es so etwas wie Entmutigung durch Aufklärung;

sie ist, neben der Unwissenheit, einer der Gründe dafür, dass Methoden und Werkzeuge der technischen Gegenwehr weithin unangewendet bleiben, beispielsweise die heutzutage leicht zu handhabenden Verschlüsselungstechniken.

Wir leben im Bewusstsein des Endes der Privatsphäre. Aber das Teuflische ist, dass wir ganz gut damit leben können. In politischen Schönwetterperioden muss sich eigentlich niemand ernstlich vor einer Schieflage der Machtverteilung zwischen Bürgern und Staat fürchten. Doch wenn es stürmt und hagelt, der Bürger aber ohne Schutz dasteht, dann kann alles zu spät sein. Sich mit den informationellen Bürgerrechten zu befassen ist daher vernünftige Vorsorge. Nicht nur der Schutz vor Terror, auch der Freiheitsschutz ist Prävention. Unsere Gesellschaft ist vom Vorsorgegedanken durchdrungen: Kranken- und Pflegeversicherungen, Gurt- und Rauchmelderpflichten, Sicherheitsprüfungen allenthalben – sollten wir da nicht auch die Befugnisse der amtlichen Überwacher transparent und abschließend regeln sowie sie minutiös kontrollieren lassen?

Der Einwand, das sei alles auch schon vor der Digitalisierung richtig gewesen, geht ins Leere. Der Befund ist ja zutreffend, nur hat die Digitalisierung das Informationsungleichgewicht radikalisiert – erstens wegen der Datenspuren, die wir unausgesetzt hinterlassen, und zweitens wegen deren Format: Alles, was digital vorliegt, ist geeignetes Futter der automatischen Informationsverarbeitung. Stoff und Methoden der Überwachung haben sich grundsätzlich geändert.

Wenn wir die Geheimdienste einmal als Sensoren ansehen wollen, dann stellt sich die Frage: Und was ist mit den staatlichen Aktoren? Siehe da, auch sie haben sich grundlegend gewandelt. Gemeint sind die Organe, die letztlich die staatliche Macht garantieren, also die Repressivorgane, mit denen allein der Staat physische Gewalt ausüben darf: Militär, Polizei, Gefängnisse.

An dieser Stelle sei nur das Militär herausgegriffen, und zwar nicht die gesamte digitale Revolution des Militärwesens, sondern ihre emblematische Waffe: Kampfdrohnen.

Die Digitalisierung hat es erlaubt, aus diesen unbeholfenen Fluggeräten, wie sie seit den Sechzigerjahren nur mit wechselndem Erfolg eingesetzt wurden, ein neuartiges System zu machen, das sich zielsicher und überraschend auf seine Opfer stürzt, die zuvor mit vielerlei Mitteln der digitalen Ausforschung ausfindig gemacht wurden. Fernerkundung, Funküberwachung, Analyse von Bewegungsprofilen, wie sie sich aus alltäglichen Datenspuren ergeben – da kommt schon eine Menge zusammen. Heutige Drohnensoftware hat außerdem das leidige Stabilitätsproblem gelöst, mit dem sich Flugrobotiker vor zwei Jahrzehnten noch herumschlagen mussten.

Mit diesen fliegenden Kampfrobotern rückt ein Szenario näher, das der deutsche Wissenschaftsjournalist Hanns Günther bereits im bösen Jahr 1914 beschrieben hatte. Nach seiner damaligen Prognose führte die technische Entwicklung des Schlachtfelds »zu selbstbeweglichen Maschinengewehren und Geschützen, zu automatisch manövrierenden Panzerschiffen und Luftfahrzeugen, die sämtlich unbemannt von einer fernen Elektrizitätszentrale aus in Bewegung und Tätigkeit gesetzt und geleitet werden. In dieser Zentrale stehen dreißig Ingenieure, die Hände an den Schaltern und Hebeln, den Telefonhörer am Ohr, die Augen auf Kontrolltableaus oder Lichtsignale gerichtet, die ihnen die Meldungen und Befehle einer teleskopischen Beobachtungsstation übermitteln. Diese dreißig Ingenieure – führen Krieg! Mit einem dünnen, ironischen Lächeln bekämpfen und vernichten sie eine anrückende Armee (...) ohne andere Anstrengung als geistige (...) Konzentration und ohne durch den brutalen Anblick von Blut, verspritztem Gehirn, zersplitterten Knochen und weggerissenen Gliedern belästigt zu werden. Und dem weniger kultivierten anrückenden Heere bleibt gegenüber den fühllosen, unsichtbar gelenkten und bewegten Stahltieren nichts übrig als die Panik.«[44]

Seit rund drei Jahrzehnten beflügeln solche Visionen wieder die Phantasie der Militärs, nur stehen ihnen dafür mittlerweile die technischen Voraussetzungen zur Verfügung.

Der Einsatzraum existiert heute als digitales, umfassend auf Messwerten beruhendes Modell, in das sich die digitalisierte Drohne perfekt einpassen kann.

Drohnen haben freilich eine schlechte Presse. Gegen diese Kriegstechnik wird vor allem dreierlei ins Feld geführt: Erstens ihre Heimtücke, zweitens der räumliche Abstand der Kriegführenden vom Einsatzgebiet und der daraus folgende Empathieverlust, drittens die Delegation von Verantwortung an Technik.

Schauen wir uns die drei Einwände an.

Erstens: Heimtücke bedeutet, jemandes Arglosigkeit auszunutzen. Aber ist das Prinzip der Überraschung eines nichtsahnenden Gegners nicht so alt wie der Krieg selbst? Der Einwand ist schwach – oder er ist prinzipiell pazifistisch, richtet sich also gegen jeden Krieg und alle Waffen. Das ist aller Ehren wert, hat aber spezifisch mit Drohnen nichts mehr zu tun.

Zweitens: Dass räumlicher Abstand zu Empathieverlust führen kann, ist aus der hochtechnisierten und abstrakten Zielplanung während des Vietnamkriegs bekannt. Der gleiche Krieg hielt allerdings auch grausige Beispiele dafür parat, wie verrohend die unmittelbare Beteiligung am Kampfgeschehen wirken kann. Im Fall der Drohnen kommt nun hinzu, dass den sie steuernden Soldaten sehr wohl am Bildschirm und in Echtzeit gezeigt wird, was sie da gerade tun; es gibt Berichte davon, dass Drohnenpiloten unter dem seelischen Stress zusammenbrachen oder den Dienst quittierten.

Drittens die Verantwortung – nun, bisher ist im Einsatz von Kampfdrohnen stets ein *man in the loop*. Das wird vielleicht nicht immer so bleiben, doch selbst dann müsste jemand die Systeme programmiert haben, also ein Mensch, genauer gesagt: eine Organisation. Sie trüge die Verantwortung.

Die drei Einwände reichen also nicht weit, freilich gibt es einen besseren. Drohnen verändern die Risikoverteilung: Für den Angreifer besteht es im Prinzip nur im Verlust des

Flugroboters, der Angegriffene indessen kann unversehens und überall getroffen werden, unabhängig von der Geographie des Konflikthergangs. Ein solches Ungleichgewicht aber senkt die Schwelle zum Angriff, auch zur Eröffnung eines Krieges.

Wenn Kampfdrohnen denn überhaupt gegen einen staatlichen Gegner eingesetzt werden sollen. Typische Ziele dieser Waffen sind derzeit nichtstaatliche Akteure: Terroristen, und zwar in vielen Fällen nicht solche, die sich im Rahmen eines Krieges als Kombattanten beteiligen, sondern die eigene, nichtstaatliche Feldzüge führen. Werden Kampfdrohnen gegen sie eingesetzt, sind diese das digitale Pendant zum Killerkommando. Kein rechtsstaatliches Strafrecht kann solche Einsätze decken. Und was sagt das Kriegsvölkerrecht? Es bleibt stumm.

Tötungsroboter, gestützt auf digitale Raummodelle, sind ein Extrembeispiel dafür, dass programmierte Maschinen Machtinstrumente sind. Eine weitere Drehung sind vollautomatische Cyberattacken auf Computersysteme: Ding gegen Ding. Auch das hatte sich Hanns Günther im Prinzip schon 1914 vorgestellt und in seinem Zeitungsartikel von »Schlachten ohne Soldaten« geschrieben: »Dies wäre vielleicht das Ende des Krieges, da ein Kampf der Maschinen sinnlos ist.«

Leider ein Irrtum. Die Menschenwelt ist heute dermaßen durchsetzt mit intelligenten Dingen, dass man sich kaum einen nachhaltigeren Schlag gegen eine Nation vorstellen kann als die Zerstörung ihrer digitalen Strukturen. Aus der

Sicht des Angreifers wäre das keineswegs sinnlos. Daher die irrsinnigen Pläne der großen Atommächte, mithilfe eines elektromagnetischen Impulses, ausgelöst von einer Atombombenexplosion in der Atmosphäre über gegnerischem Gebiet, die elektronischen Funktionen im Feindesgebiet auf einen Schlag auszuschalten.

Ernst Jünger, wahrlich kein Pazifist (um es vorsichtig auszudrücken), schrieb 1932 in seinem Buch *Der Arbeiter*, dass der Krieg »den der Technik innewohnenden Machtcharakter unter Ausschluss aller wirtschaftlichen und fortschrittlichen Elemente enthüllt«.[45]

Das ist nun leider gut beobachtet. Technik enthält stets ein Element der Gewalt, was uns ja auch die ersten Werkzeuge zeigen, jedenfalls sofern wir heute von ihnen wissen: Äxte, Steinmesser, Speerspitzen.

Digitale Dissidenzen

»Wer ein Mobiltelefon besitzt, werfe es weg«, mit dieser grandiosen Geste setzte sich Hans Magnus Enzensberger im Jahr 2014 in der FAZ in Szene.[46] Man stelle sich vor, der Dichter hätte dieses Ansinnen an die rebellierenden Bürger gerichtet, wie man sie in Tunis, Caracas, Istanbul oder Rio hatte beobachten können: Wenn sie die Fäuste reckten, hielten sie ihre Handys hoch und fotografierten die Polizei. Deutlicher konnte man den Moment der Machtumkehr nicht ins Bild setzen.

Wo wird man eigentlich noch aufgefordert, sich seines Handys zu entledigen? Richtig, am Besuchereingang von Gefängnissen.

Mit seinem Ausruf hatte Enzensberger einen Artikel eingeleitet, in dem sich auch die folgende Passage fand: »Netzwerke wie Facebook nennen sich ›sozial‹, obwohl sie ihren Ehrgeiz daransetzen, ihre Kundschaft so asozial wie möglich zu behandeln. Wer solche Freunde haben will, dem ist nicht zu helfen. Wer bereits das Unglück hat, einem solchen Unternehmen anzugehören, der ergreife so schnell wie möglich die Flucht. Das ist gar nicht so einfach. Was ein Krake einmal erbeutet hat, gibt er nie wieder freiwillig her.«[47]

Rasant formuliert. Treffender war freilich die Parole, die nach dem Sturz des tunesischen Diktators Ben Ali auf Wänden der Hauptstadt prangte: »Merci le peuple, merci Facebook«. Tunesiens junge Revolutionäre hatten in den Monaten zuvor *Facebook* und *YouTube* genutzt, um sich zu Flashmobs zu verabreden und um kritische Videos zu veröffentlichen. Digitale Dissidenten waren sie, und die Staatsmacht hätte ihnen sicher am liebsten alle Handys weggenommen.

Es kommt eben immer auf die konkreten Umstände an – so ist Technik. Gewiss, sie tritt oft im Modus der Zwangsläufigkeit auf, als läge eine Gewalt in den Dingen selbst, der wir uns unterwerfen, etwa um uns abzurackern, Waren zu kaufen, Daten preiszugeben oder im Netz zu verblöden. Und ja, es gibt so etwas wie Pfadabhängigkeit: Bestimmte Techniken oder Regeln (Netzprotokolle zum Beispiel oder Tastaturbelegungen) setzen sich durch, und danach kann es zunächst einmal nur auf deren Grundlage weitergehen. Doch alles in allem ist die Technik kein ehernes Gehäuse, unverrückbar, unabänderlich.

Man sollte das irrlichternde, verrückte, umherwuselnde und projektverliebte Wesen niemals unterschätzen, das die Technik konstruiert, umkonstruiert und immer neu verwendet: den Menschen.

Vor knapp zehn Jahren schrieb der Essayist und Programmierer Jaron Lanier, im Internet entstünde eine Art »digitaler Maoismus«, dessen Anbetung der »Schwarmintelligenz« ihn an die Revoluzzerparole erinnere, die Weisheit wohne in den Massen.[48] Lanier befürchtete einen geistigen Kollektivismus, dessen Funktionsweise einer Castingshow (Beispiel: »Deutschland sucht den Superstar«) entsprechen würde und der zum Ende der Individualität und zur Herrschaft des Mittelmaßes führen werde.

Was Lanier da behauptete, stand nun eigenartig quer zur entgegengesetzten, ebenso verbreiteten Befürchtung, das Internet zersplittere die Öffentlichkeit. Und es passte erst recht nicht zu der Tatsache, dass der Artikel auf der Website *Edge* seinen Autor als eigensinnig gegen das Kollektiv denkendes Individuum bekannt machte, bis dass Lanier sogar der Friedenspreis des Deutschen Buchhandels zugesprochen wurde (und der Schwarm von ihm schwärmte).

Wie ja ohnehin das bevorzugte Verbreitungsmittel der Kritik am angeblich diskurstötenden Internet ausgerechnet das Internet selbst ist. So etwas nennt man einen performativen Widerspruch.

Blicken wir zurück: Was wurde nicht alles über den Buchdruck und die Zeitungen behauptet, als ihre Zeit gekommen war! Anstelle des Kirchgangs: Lektüre der Sonntagszeitung. Anstelle des Gesprächs im Kaffeehaus: Jeder für sich, hinter seiner raschelnden Zeitung versteckt. Das Ende der Gemeinschaftlichkeit. Und dergleichen mehr. Was ja auch nicht völlig falsch war, nur eben einseitig. Das neue Medium Zeitung erlaubte individuelleren und reflektierteren Zugang zu Informationen als, sagen wir, die Teilnahme an einer Gemeindeversammlung. Gleichwohl, oder vielleicht sogar gerade deshalb, war das Gedruckte eines der Mittel, mit denen beispielsweise die französischen Revolutionäre ihre Ideen unter die Leute brachten.

Eine Lektion, die Wladimir Iljitsch Lenin bedacht hatte, als er 1905 forderte, seine illegale Partei müsse eine Zeitung gründen, die als »kollektiver Organisator« wirke. Später erfüllten die *Samizdat*, die gedruckten Schriften der Dissidenten in der Sowjetunion, eine ähnliche Funktion.

Nein, wie ein Medium, wie eine Kommunikationstechnik wirkt, das ist nicht von technischen Eigenschaften determiniert, also ein für alle Male festgelegt. Allerdings spielen diese Eigenschaften sehr wohl eine Rolle: Sie legen nämlich die Freiheitsgrade fest, das Ausmaß der Wandelbarkeit, der Vielseitigkeit der jeweiligen Kommunikationstechnik. Als Zeitungen noch mit Bleisatz arbeiteten, war es recht kompliziert, kurz vor Andruck noch etwas zu ändern (manchmal half es, die Setzer mit einer Flasche Schnaps zu bestechen). Heute sind Änderungen kurz vor Schluss kein großes Problem mehr.

Was aber könnte wandelbarer und vielseitiger sein als eine Technik, die sich programmieren und daher auch umprogrammieren lässt? Die ihre Information digital und damit veränderbarer als in jeder anderen Form darstellt?

Gerade für die Digitaltechnik gilt das Prinzip, dem jede Technik folgt: Sie ist das Ergebnis von Entscheidungen, und sie bleibt unausgesetzt Entscheidungen unterworfen.

Wenn eine Technik die Form F aufweist, dann liegt das auch daran, dass die Form F' gerade nicht gewählt wurde. Und die Form F wurde gewählt, weil sie ein Kompromiss zwischen unterschiedlichen Interessen ist, der sich in Prüfungen durchsetzen konnte. Nur ändern sich die Prüfungsbedingungen immer wieder, Technik ändert sich fortlaufend, es gibt keine Idealform F_i, mit deren Verwirklichung die Geschichte abbricht.

Es folgen zwei Fälle aus dem Alltag. Zunächst: die Bratpfanne. Sie soll schön dünn sein, damit sie auf Hitzeschwankungen gut reagiert. Sie soll schön dick sein, damit sie Hitze gut hält und nur langsam abkühlt. Folge: Es gibt keine Idealpfanne, immer nur eine Kompromisspfanne. Und der jeweilige Kompromiss ergibt sich aus dem Kräfteparallelogramm der Interessen. Ein guter Koch verfügt über viele Pfannen.

Sodann: ein Tisch. Wie sähe ein perfekter Tisch aus? Stabil sollte er stehen, aber keine Beine haben, denn die stören immer irgendwen. An der Decke oder an der Wand ließe er sich natürlich festschrauben – nur könnten wir dann seinen Ort nicht mehr so leicht ändern. Misslich. Das Maximum an Gästen, das wir uns zumuten, sollte an ihm Platz nehmen können, nur, andererseits, allzu viel Raum sollte er auch nicht beanspruchen. Ein Ausziehtisch also? Ästhetisch eine Katastrophe. Sodann: Wenn viele Gäste an ihm sitzen, sollen sie dennoch unangestrengt miteinander reden können, auch mit dem Gegenüber. Also ein schmales Rechteck. Doch dann sitzen die Leute an den Enden zu weit weg voneinander, auch nicht gut. Ist er wiederum rund, dann sitzt so ab 10 oder 12 Personen ein jeder gleich schlecht: gerecht, aber suboptimal.

Was also ist ein perfekter Tisch? Ich sage es Ihnen: Er ist nicht existent.

Technik ist immer ein Kompromiss, und deshalb stets defizitär.

Ihr Design schließt Kompromisse zwischen unterschiedlichen Interessen. Und die wandeln sich, ebenso wie die Machtverhältnisse sich noch stets gewandelt haben. Weshalb die Zukunft offenbleibt. Ja mehr noch, je vielseitiger die Technik ist, mit der sich der Mensch umgibt, desto mehr Optionen setzt er in die Welt.

Im 19. und großenteils auch im 20. Jahrhundert sahen viele Denker das nicht so. Damals war der Technikdeterminismus verbreitet. Dabei handelt es sich um die Annahme, dass sich aus bestimmten Techniken zwangsläufig bestimmte soziale Folgen ergeben – oder gar ergeben müssen.

Heute äußert sich der Technikdeterminismus in Behauptungen wie der, dass das Internet zwangsläufig die Individualität beschränke – oder sie erweitere, je nach Sichtweise; dass Computerspiele dumm machten – oder schlau; dass Smartphones die Jugend verseuchten oder emanzipierten; und dass Wikipedia die Bildung notwendigerweise ruiniere oder befördere. Solcher Determinismus ist aus der Sicht der Wissenschaften (Technikgeschichte und -soziologie) obsolet geworden, aber in der Publizistik hält er sich hartnäckig. Er unterschätzt die Wandlungsfähigkeit der Technik und die Handlungsfähigkeit ihrer Benutzer.

Technik ist flüssig. Auf sie trifft die Quecksilbermetapher besser zu als die Messermetapher. Letztere legt nahe, das Messer sei neutral und nur seine Anwendung gut oder böse. Aber Technik steht nicht fest wie ein Messer. Stets verändert sie ihre Form. Nicht nur die Verwendungen, sondern auch die Gestalten der Technik selbst sind wandelbar.

Weshalb Technologiepolitik, wie in der Einleitung zu diesem Buch bereits angedeutet, mehr sein kann und mehr sein muss, als nur Anwendungen zu erlauben oder zu begrenzen: Sie kann, sie muss in die Technik selbst eingreifen.

Was wären ihre Kriterien?

Man kann es sich natürlich so einfach machen wie die Autoren des Artikels 12 der Bremischen Landesverfassung: »Der Mensch steht höher als Technik und Maschine.«

Das ist wieder so ein Allerweltssatz, der irgendwo zwischen Sein (»steht höher«) und Sollen (er ist ja eine Norm) schwebt, und was soll überhaupt dieses »höher« bedeuten?

Wenn damit gemeint sein soll, dass menschliche Zwecke die Priorität haben sollen, dann schließen sich sogleich zwei Fragen an: Wann und wo wäre das, erstens, denn nicht der Fall? Noch jede technokratische Entscheidung ist letztlich auf Interessen zurückzuführen, also auf menschliche Zwecke (zumindest solange die Immersion Drei noch Zukunftsmusik ist). Und zweitens kommt es doch gerade auf die Zwecke selbst an, Menschen können sich da ganz unterschiedliche setzen, ethisch vertretbare und gänzlich unethische.

Ich möchte daher einen Vorschlag machen. Kriterien für technologiepolitische Entscheidungen sollten die folgenden sein:

- Technik soll die Freiheitsgrade der Menschen erhöhen,
- aber ohne die Ungerechtigkeiten zu verstärken.
- Das letztlich akzeptierte Verhältnis von Nutzen und Risiken einer Technik muss das Ergebnis einer öffentlichen Aushandlung sein.
- Insbesondere muss Technik den Kriterien der Nachhaltigkeit genügen (über die sich streiten lässt, aber das würde hier zu weit führen).

Alles schön und gut, könnte man nun einwenden. Aber eben auch recht allgemein und insofern nicht viel besser als die bremische Verfassungslyrik.

Versuchen wir also, unseren Gegenstand etwas zu konkretisieren.

Reden wir über Software.

In der Softwareindustrie geht es oft um Leben und Tod. Vergessen wir nicht, dass Software Bestrahlungsgeräte und OP-Roboter steuert, dass sie Verkehrsströme regelt, Statik berechnet, Flugzeuge führt und Chemieanlagen fährt. Und wo sie nicht töten kann, ist fehlerhafte Software gleichwohl geeignet, andere Schäden zu verursachen, finanzielle zum Beispiel. Nur leider kommt der Schutz gegen Fehlfunktionen und Missbrauch, kommen also *Safety* und *Security* im Entwurfsprozess allzu oft bloß als nachträgliche

Anforderung hinzu. Als Anbau an das Softwarebauwerk. Wenn überhaupt.

Wie ließe sich das ändern?

Es existiert eine Arbeitsgruppe für Computerethik in der Deutschen Gesellschaft für Informatik (GI), und zwar schon seit den Achtzigerjahren. Dort haben sich Wissen und Erfahrung anhand konkreter Fälle gebildet. Ich finde, aus dieser Arbeitsgruppe sollte mehr werden: eine Institution, die Fälle und Fallgruppen mit Informatikern durchspielt und Ethikkurse anbietet, deren Teilnahme verbindlich ist. Sie haben richtig gelesen: verbindlich. Warum nicht eine Berufspflicht für Informatiker einführen, sich auf dem Gebiet der Informationsethik weiterzubilden?

Warum nicht festlegen, dass es zur *Good Governance* programmierender Institutionen gehört, entsprechend zertifizierte Seminare für ihre Mitarbeiter durchzuführen, dass öffentliche Ausschreibungen derartige Zertifikate zur Bedingung für Aufträge machen? Und dass Firmen, die auf ihren Ruf achten, ebenfalls nur dort Software einkaufen, wo die ethische Weiterbildung der Programmierer bescheinigt wurde?

Man könnte auch an einen »Hippokratischen Eid« für Informatiker denken, wohl wissend, dass auch Ärzte keinen formellen Eid ablegen. Aber er ist immerhin die Grundlage ihrer beruflichen Ethik, und über die wird von Standesorganisationen gewacht, ja sie geht sogar in die Rechtsprechung ein.

Gelegentlich wird auch ein »Algorithmen-TÜV« gefordert.

Nun, verschiedenartige Zertifizierungen für Software existieren ja bereits. Woran es allerdings fehlt, ist eine – verbindliche, nicht bloß deklarative – datenschutzrechtliche Komponente. Warum nicht Anwendungsgebiete definieren (Gesundheitswesen, Banken, Versicherungen, Strafverfolgung beispielsweise), in denen nur solche Software eingesetzt werden darf, deren Vereinbarkeit mit den Bürgerrechten ebenfalls zertifiziert wurde?

Der Grundgedanke: Technikethik darf nicht bloß Gegenstand des Nachdenkens sein, sie ist verbindlich zu machen.

Wie ließe sich beispielsweise die Automobilindustrie zu einer öffentlichen Diskussion darüber veranlassen, nach welchen Kriterien die Software fahrerloser Autos bei bestimmten Unfallgruppen entscheiden soll? Oder wie das vernetzte Auto den Datenschutzvorschriften Genüge tun soll? Hier genügen Selbstverpflichtungen der Wirtschaft nicht; ich würde da lieber rechtliche Regelungen sehen: Mindestanforderungen an die Transparenz der Software, an die technikethische Qualifikation der Beteiligten sowie inhaltliche Grundsätze, nach denen sich die Technik richten soll.

Unmöglich? Das Immissionsschutz- und das Atomrecht zeigen, dass das rechtstechnische Instrumentarium durchaus vorhanden ist, komplizierte technologische Materien zu regulieren.

Ausstieg, Kontrolle, Begrenzung: Ist Technologiepolitik also prinzipiell negativ, eine Reduzierung von Möglichkeiten? Keineswegs. Technik erhöht die Anzahl der Freiheitsgrade, das ist ihr schönster Zug, und so sollte auch die Technikpolitik die Möglichkeitsräume so offen wie möglich halten, anstatt sie einzuengen.

Zu diesem Zweck muss sie die Gesellschaft als ein Ganzes in den Blick nehmen, nicht nur die Techniker und Ingenieure, Programmierer und Systemarchitekten. Vom gesellschaftlichen Umfeld hängt alles ab, und das bedeutet vor allem: vom Grad der Freiheit zur Innovation sowie von der Bildung.

Zunächst die Bildung: Wer die Möglichkeitsräume erweitern will, wird sich insbesondere eine große Zahl kreativer, fähiger Leute wünschen, die neue Ideen entwickeln und sie umsetzen können. Dazu brauchen sie ein echtes Verständnis der technischen Welt. Weshalb die Forderung Nummer eins zeitgemäßer Technologiepolitik lauten muss: Die mathematische und informatische Bildung ist massiv zu fördern. Durch Milliardenprogramme.

Mehr noch, auch die Lehrpläne der Schulen müssen verändert werden: Jeder Schüler muss die Chance erhalten, programmieren zu lernen. Und zwar am konkreten Beispiel – am besten in einem Roboterprojekt, damit er auch etwas über Sensoren und Aktoren lernt, über Mechanik (Kinematik, Dynamik), Elektrotechnik, Elektronik, über Künstliche Intelligenz und das Zusammenspiel von Mensch und Maschine, die Widersprüche und Risiken inbegriffen.

Doch leider, nur in drei deutschen Bundesländern ist Informatik ein Pflichtfach: in Bayern, Sachsen und Mecklenburg-Vorpommern. Und die Ausstattung deutscher Schulen mit guten WLANs ist immer noch unzureichend. Hi-Tech-Land Deutschland? Nicht in den Schulen.

Entsprechend gering sind die digitalen Kompetenzen der deutschen Jugendlichen und jungen Erwachsenen im internationalen Vergleich. Gewiss, sie sind fast permanent online, aber das bedeutet ja noch lange nicht, dass sie wissen, wie sie an wertvolle Information gelangen und wie sie damit umgehen sollten.

Und dann kommt der Präsident des Deutschen Lehrerverbandes daher und sagt: »Die Schüler müssen ja auch nicht wissen, wie eine Schreibmaschine funktioniert. Hauptsache, sie können sie bedienen.«[49]

Man fasst sich an den Kopf. Erstens ist der Vergleich schon mal vollkommen unsinnig. Wer auf einer Schreibmaschine schreibt, sieht unmittelbar, wie sie funktioniert. Für Digitaltechnik gilt das nicht. Zweitens aber: Um die Durchdringung unserer Welt durch Digitaltechnik begreifen zu können, muss man deren Potenzial kennen – und das setzt Kenntnisse ihrer Funktionsprinzipien voraus. Hier gilt Marshall McLuhans legendäre Parole *The medium is the message*.

Unglücklicherweise ergeben Umfragen, dass ausgerechnet Lehramtsstudierende weniger Interesse an digitalen Medien als andere zeigen und sich auch nicht so gut mit ihnen auskennen wie andere. Das ist umso schlimmer, als fast jedes zehnjährige Kind bereits online ist. Wer hilft diesen Schülern, sich zurechtzufinden?

Digitale Bildung, nennen wir sie einmal so, ist übrigens nicht nur notwendig, weil sie nützlich ist. Bildung ist mehr als nur praktisches Wissen – denken wir an die Erkenntnis Friedrich Nietzsches: »Man sehe nur erst in der Bildung etwas, was Nutzen bringt: so wird man bald das, was Nutzen bringt, mit der Bildung verwechseln.«[50] Nein, wer von diesen Dingen weiß, wer einmal programmiert oder ein robotisches System entworfen hat, der hat ein tieferes Verständnis dessen erworben, was in unserer Welt vor sich geht.

Noch einmal: Die technische Welt ist nicht bloß eine Kulisse unseres Lebens, sie ist Teil des Drehbuchs. Wer die *conditio humana* verstehen will, kommt mit den Humanwissenschaften allein nicht aus.

In einer 2015 unter dem Titel *Making Value for America* im Auftrag der amerikanischen Regierung erschienenen Studie[51] kamen Bildungsforscher, Ingenieurwissenschaftler und Wirtschaftsleute zu dem Schluss: »Kritisches Denken und Kreativität sind genauso wichtig wie technische Fähigkeiten. Es genügt nicht, Fakten und Verfahren auswendig zu lernen; Schüler und Studenten (im Original: *students* – GvR) müssen lernen, eine Situation zu bewerten, indem sie Fragen stellen, beobachten, weitere Informationen sammeln und die gesammelten Daten wohlüberlegt analysieren, um Fehler und Schwächen zu erkennen und alternative Möglichkeiten zu entwerfen. (...) Die Erfahrung aus vielen *STEM*-Programmen (das entspricht dem deutschen Begriff MINT: Mathematik, Ingenieurwesen, Naturwissenschaft und Technik – GvR) zeigt, dass die Gelegenheit, neue

Lösungen für reale Probleme zu finden, ein effektiver Weg sein kann, die Prinzipien der Ingenieurskunst, der Naturwissenschaft, der Mathematik sowie der Innovation zu erlernen – und auch die Rolle der Innovation bei der Verbesserung der eigenen Welt zu erkennen.«

Wohl wahr. Der gute alte Projektunterricht, leider allzu oft als erholsame Sequenz zwischen den Stressphasen der Wissensvermittlung missverstanden, sollte zu neuen Ehren kommen – und gleich noch etwas: die Gründung von Start-ups. Nicht nur an Universitäten, sondern sehr wohl auch an Schulen. Da gilt es die eine oder andere rechtliche und bürokratische Hürde zu nehmen, aber unmöglich ist es nicht, dass Schüler beispielsweise eine neue App entwickeln und vermarkten.

Damit sind wir bei der zweiten Randbedingung der Technik, der sich die Technologiepolitik widmen muss: der Freiheit zur Innovation.

Man sollte viel mehr ausprobieren dürfen.

Bis heute ist das Problem nicht gelöst, dass Banken oftmals solchen Unternehmensgründern Kredite verweigern, die schon einmal mit einer Firma pleitegegangen sind – anstatt ihnen zu sagen: »Schön, dass Sie bereits Erfahrungen gemacht haben; lassen Sie uns noch einmal gemeinsam die Lehren aus dem Scheitern ziehen, und dann auf ein Neues!« Dieser Zustand wird nun schon seit Jahrzehnten beklagt. Doch beinahe nichts hat sich geändert, und das in einer Welt, in der gerade Start-ups die Träger von Innovationen sind. Da fragt man sich denn doch, wieso im Bankenwesen so ziemlich alles und jedes reguliert wird (betrachten Sie nur die vielen vorschriftsmäßigen Formulare für einen Kreditantrag), der Staat ausgerechnet an dieser Stelle aber unfähig sein soll, die Kreditinstitute in die Pflicht zu nehmen.

Er könnte übrigens noch einiges mehr tun. In Deutschland werden beispielsweise Risikokapitalgeber gefördert, und das ist ja auch ganz fein, nur leider bevorzugt der Gesetzgeber die Risikokapitalfonds, anstatt dazu anzureizen, dass *business angels* direkt in Start-ups investieren – was zwar die riskanteste, aber auch effizienteste Unterstützung innovativer Versuche ist. Und warum nicht die Progression der Erbschaftssteuer drastisch verschärfen, damit die Bereitschaft der Vermögenden angestachelt wird, mehr mit ihrem Reichtum anzufangen, als ihn einfach nur dem Nachwuchs ihrer Klasse zu vermachen?

Es liegt noch immer viel zu viel Potenzial für Innovationen brach. Technologiepolitik muss dazu beitragen, es zu wecken.

Dazu sollte, dies zum Schluss, auch gehören, Netzzugang, digitale Bildung und Räume für Experimente all jenen kostenfrei anzubieten, für die dieser kulturelle Reichtum sonst unerreichbar bliebe. Ich denke da insbesondere an Jugendliche aus einkommensschwachen Familien, an Arbeitslose und an Migranten. Wer da gleich abwinkt, dessen Menschenbild scheint mir zu pessimistisch zu sein. Die eigene Lage zu verbessern ist ein zutiefst menschliches Bedürfnis.

Wetten, dass auf zehn Leute, die eine solche Gelegenheit freudig ergreifen würden, nur einer käme, der sich damit nicht erreichen ließe?

O. K., zwei vielleicht. Na und?

Überlegungen für ein Design

Was folgt aus alledem für Sie, für mich, für uns alle? Wie sollen wir mit all den neuen klugen Dingen umgehen? Gibt es vielleicht Daumenregeln des Lebens in der technischen Welt?

Eine Art Design?

Ich denke schon. Bevor ich da etwas vorschlage, möchte ich mit Ihnen allerdings noch eben einen Zoo besuchen.

Damit keine Missverständnisse aufkommen: Man darf Menschen selbstverständlich nicht mit Tieren gleichsetzen, um sie als niedere Lebensform zu denunzieren. Aber Tiervergleiche sind, wie in den Fabeln Lafontaines, sehr wohl dann zulässig, wenn bestimmte Eigenschaften aufgespießt werden sollen. Und daher folgt nun ein alphabetisch geordnetes Bestiarium, wohlgemerkt nicht auf neuestem Stand der Zoologie. Eine Typenlehre des Umgangs mit Technologien. Erkennen Sie sich wieder?

AAL – Das technologische Fluidum ist sein Element. Er ist elektrisiert, und seine Färbung ändert sich zuweilen mit der Umwelt. Er wandert weite Strecken und ist ein geschickter Jäger. Jemand wie er nutzt die technischen Veränderungen und jede Strömung, ohne sich von ihnen treiben zu lassen.

AMEISE – Sie tut wie vorgegeben. Die anderen Ameisen tun es auch. Daraus entstehen erstaunliche Dinge, zum Beispiel hochkomplexe Ameisenhaufen und Communities auf *Facebook*, aber die Ameise hat nicht viel davon, außer dass sie weitermachen darf wie bisher. *Liked* sie einen neuen Weg, weil ein Botenstoff sie lockt, dann folgen ihr andere Individuen und *liken* auch. Bis ein anderer Botenstoff lockt.

AUSTER – Nur das Nötigste lässt sie an sich heran. Das saugt sie dann ein und bleibt stumm. Auf *Twitter* liest sie nur, anstatt zu posten.

BIBER – Baut komplizierte Dämme und Programme, wann immer er kann, ob sinnvoll oder nicht.

DINOSAURIER – Passte sich nicht an eine neue Welt an.

EINHORN – Lebt in einer anderen Welt.

HAMSTER – Bei ihm zu Hause stapeln sich die Dinge, zum Beispiel Computerdisketten.

IGEL – Rundumverteidigung! Wehe, es kommt jemand mit einer neuen Idee, einer neuen Software oder auch nur mit einem Update.

KOALA – Wozu sich bewegen, solange es etwas zu kauen gibt? Ich brauche eure ganzen neuen Apps nicht.

KROKODIL – Abwarten. Abwarten. Abwarten – und dann springen! Man muss nicht jeden Quatsch mitmachen. Aber zubeißen, wenn es sich lohnt.

LEMMING – Wir sind dabei!

MARABU – Weise Gedanken, die niemand hört. Oder vielleicht doch keine Gedanken.

PAPAGEI – Braucht keine eigenen Gedanken.

PULPO – Der Pulpofischer bietet ihm ein Gehäuse an, das der Pulpo so wohnlich findet, dass er sich darin einrichtet und es nicht mehr verlässt. Bis der Pulpofischer ein zweites Mal erscheint, mit einem Haken.

REH – Huch! Nichts wie weg!

SCHMETTERLING – Hier ein bisschen, dort ein bisschen von den Früchten der Technik naschen, was will man mehr?

STRAUSS – Immer kühlen Kopf bewahren.

UNKE – Niemand mag mich. Dabei habe ich etwas Interessantes mitzuteilen: Wir werden alle sterben!

Fällt Ihnen noch mehr ein?

Oder ist Ihnen das Spiel zu unernst?

Wie auch immer, hier kommen ein paar Vorschläge für ein Design des Lebens in der technischen Welt.

ERSTENS: Werden Sie zum Krokodil!

Technik entwickelt sich schubweise, aber nicht jeden Schub müssen Sie mitmachen. Sparen Sie Geld und Anstrengung, lassen Sie erst einmal andere die Erfahrungen machen, bis Sie dann irgendwann aktiv werden und sich ebenfalls das neueste Smartphone zulegen. Auch der Wechsel von einer Software oder von einem sozialen Netzwerk zum anderen bringt Kosten mit sich, meist nicht in Geld zu messende, sondern einfach Mühe und Aufmerksamkeit. Hin und wieder lohnt er sich, aber nicht jedes Mal. Wann aber sollen Sie springen, anstatt weiter zu warten? Ich halte nicht viel davon, sich unausgesetzt über jedes neue Detail zu informieren. Hören und schauen Sie sich um, sobald Sie Lust dazu haben – und wenn Sie Beute sehen, dann springen Sie.

ZWEITENS: Keine Angst vor dem Lernen!

Klar, wenn Sie ein neues Gerät oder neue Software verwenden wollen, müssen Sie sich oft erst einmal mit den veränderten Funktionen oder gar Prinzipien vertraut machen. Ihr altes Wissen wird dadurch obsolet. Und da fragt man sich schon: Wie wertvoll ist dieses Bedienungswissen eigentlich – wäre es nicht besser, stattdessen etwas Dauerhaftes zu lernen, zum Beispiel Arabisch? Oder Logik? Daran ist meines Erachtens richtig, dass das Gebrauchsanweisungswissen die anderen Wissensgebiete nicht verdrängen sollte. Aber wer sich oft und immer wieder von neuem mit der Bedienung technischer Dinge vertraut gemacht hat, der gewinnt ein Gefühl für unsere heutige Technowelt – dafür, wie sie gestaltet wurde. Irgendwann wird dieses Wissen ein Hintergrund, auf den Sie sich nicht mehr konzentrieren müssen, und Sie surfen auf diesen Funktionen, etwa um sich die neuesten Internetkurse für Arabisch oder Logik anzusehen.

DRITTENS: Gleich ausprobieren!

Als ich im Jahr 2007 das erste Mal von *Twitter* hörte, machten Skeptiker gleich Bemerkungen wie: »Was soll das? Was kann man in 140 Zeichen ausdrücken? Und warum sollte man es tun?« – Fragen, auf die ich keine Antwort suchte. Stattdessen habe ich einfach losgetwittert. Im Verlauf der

Benutzung dieses Netzwerkes lernte ich die verschiedenen Möglichkeiten kennen, es für eigene Zwecke einzusetzen: Recherche, Debatte, Unterhaltung. Der Sinn einer Technik wird eben erst durch ihren Gebrauch festgelegt, der aus den Möglichkeiten die Wirklichkeit macht. Das gilt womöglich auch für das Unternehmen, dem *Twitter* gehört: Refinanzierung durch Werbung ist bisher die Geschäftsidee, aber womöglich sind bald die Verhaltensdaten des Twittervolks selbst das eigentliche Gold.

VIERTENS: Alles kommt wieder.

Früher diktierten Chefs ihre Briefe. Dann schrieben sie E-Mails. Heute kehrt das Diktat zurück, nur richtet es sich nicht mehr an eine Sekretärin, sondern an *Siri* oder ein anderes Spracherkennungsmodul. Was zurückkehrt, ist übrigens auch das Radio, als Streaming von Musik. Oder das Elektroauto, das vor etwa hundert Jahren schon einmal mit dem Benziner gleichauf war. Rechnen Sie mit solchen Zyklen, glauben Sie nicht, dass die Entwicklung linear sei.

FÜNFTENS: Diäten funktionieren nicht.

Um nicht von ihren Smartphones oder Notebooks abhängig zu sein, verordnen sich manche Leute feste Zeiten, in denen sie die Geräte nicht anfassen. Meistens funktioniert das aber eher schlecht als recht. Besser ist es, sich immer wieder zu überlegen, ob und wozu ein solches Gerät gerade nötig ist oder nicht oder ob es stört. Das bedeutet also, die Nutzung der Technik als abhängige Größe dessen zu betrachten, was gerade sinnvoll ist. Probieren Sie es aus! Sie werden feststellen, dass Sie sich zu nichts zwingen müssen und dass Ihr Umgang mit der Technik souveräner wird.

SECHSTENS: Es lebt!

Ein bisschen albern wirkt es schon, wenn Menschen ihren Dingen Namen geben. Sie tun es dennoch, mich eingeschlossen. Wir stellen uns die Dinge, namentlich unsere klugen Dinge, sozusagen als Persönlichkeiten vor. Wenn das Navigationsgerät eine weibliche Stimme hat, dann sagen wir nicht: »Es will, dass wir rechts abbiegen«, sondern: »Sie will, dass wir rechts abbiegen.« Besonders groß ist die Versuchung natürlich, wenn es sich um einen Roboter handelt. Ich kann mir nicht helfen, mein Staubsaugerroboter ist so etwas wie ein Mitbewohner. Na und? Ich glaube, dieser Animismus kann dazu dienen, dass wir mit den Dingen achtsamer umgehen. Er kann aber auch bizarre Formen annehmen. Es wird von Fällen berichtet, in denen Soldaten mit *PackBots*, das sind kettenbasierte Roboter, die Bomben entschärfen, emotionale Beziehungen aufbauten, weil die Maschinen ihnen das Leben gerettet hatten; die Soldaten brachen in Tränen aus, als die Roboter irreparabel kaputtgegangen waren. Das ist eine seelische Störung, beobachten Sie sich selbst.

SIEBTENS: Qui bono?

Es ist interessant, oft lehrreich und gelegentlich ganz vergnüglich, sich zu überlegen, wer an einer bestimmten Technik, etwa einem Ihrer digital gesteuerten Haushaltsgegenstände, welche Interessen hat. Dinge als Ausgangspunkt der Analyse von Sozialbeziehungen zu nutzen ist eine Denksportaufgabe, mit der Sie sich jederzeit beschäftigen können.

ACHTENS: Wer entscheidet?

Wie sind die Interessen austariert? Wer entscheidet über die Balance der Interessen? Welche Entscheidungen stehen womöglich noch aus?

NEUNTENS: Fürchtet euch nicht!

Wird der Weltuntergang oder die Apokalypse an die Wand gemalt, ist es stets sinnvoll zu fragen, ob vielleicht jemand ein Interesse an solcher Rede hat. Und dann, wie zwangsläufig denn die bedrohliche Entwicklung ist. Gibt es wirklich auf keiner Stufe der Entwicklung irgendwelche Weggabelungen oder Ausgänge? Die Geschichtsschreibung kennt keinen Fall, in dem eine Katastrophe unvermeidbar gewesen wäre. Zu ihr führten stets Entscheidungsketten.

* * *

Und wer entscheidet? Alle, mit mehr oder weniger Einfluss, versteht sich. Aber letztlich: ich, du, er, sie, es.

Und Sie.

Anmerkungen

1. Bee Wilson: Am Beispiel der Gabel; Insel, Berlin, 2014
2. Neil MacGregor: A History of the World in 100 Objects; Penguin Publishing Group, London, 2011
3. Thorstein Veblen: The Theory of the Leisure Class: An Economic Study of Institutions; Houghton Mifflin, Boston (MA), 1973 (1899)
4. Georg Wilhelm Friedrich Hegel: Wissenschaft der Logik II, 2 III C; Suhrkamp, Frankfurt/M., 1969, S. 453
5. A.a.O., S. 452
6. Ibn Khaldoun: El Muqqadima; Berti Editions, Algier, o.J., S. 154
7. Norbert Elias: Über den Prozess der Zivilisation, Bd. I; Suhrkamp, Frankfurt/M., 1997 (1939), S. 236
8. Umfassend und lesenswert dazu: Gijs Mom: The Electric Vehicle: Technology and Expectations in the Automobile Age; Johns Hopkins University Press, Baltimore, 2004
9. Friedrich Nietzsche: Menschliches, Allzumenschliches II; in: Ders., Philosophische Werke in sechs Bänden, Bd. 3; Felix Meiner, Hamburg, 2013 (1886), S. 51
10. Karl Marx: Das Kapital, Bd. 3; in: Karl Marx – Friedrich Engels, Werke (MEW); Dietz Verlag, Berlin, 1964, S. 838 und 887

11. Karl Marx: Theorien über den Mehrwert; in: Karl Marx – Friedrich Engels, Werke (MEW), Bd. 26.1; Berlin, 1965, S. 367
12. Luc Boltanski: De la critique. Précis de sociologie de l'émancipation; Gallimard, Paris, 2009, S. 156 ff.
13. Charles Babbage: Passagen aus einem Philosophenleben; Kadmos, Berlin, 1977 (1864), S. 75
14. Insbesondere S. 99 ff.
15. Kathrin Passig, Johannes Jander: Weniger schlecht programmieren; O'Reilly, Köln, 2013, S. 420
16. J. J. Abrams, Doug Dorst: Das Schiff des Theseus; Kiepenheuer & Witsch, Köln, 2015
17. Peter Panter (Kurt Tucholsky): Darf man tippen? in: Kurt Tucholsky: Gesammelte Werke in zehn Bänden. Band 9; Rowohlt, Reinbek bei Hamburg, 1975, S. 97–99
18. Leon Wieseltier: Bei den Verstörten; Süddeutsche Zeitung, 23.1.2015, S. 12
19. Lisa Gitelman (Hrsg.): »Raw Data« is an Oxymoron; The MIT Press, Cambridge (MA), 2013
20. Éric Sadin: La vie algorithmique: Critique de la raison numérique; Édition L'Échappée, Paris, 2015
21. Rudolf Carnap: Der logische Aufbau der Welt (1928); in: Ders., Scheinprobleme in der Philosophie und andere metaphysikkritische Schriften; Felix Meiner, Hamburg, 2004, Einleitung, S. XIII
22. Douglas R. Hofstadter: Gödel, Escher, Bach – ein Endloses Geflochtenes Band; Ernst Klett Verlag, Stuttgart, 1985
23. http://www.faz.net/aktuell/feuilleton/herrschaft-der-algorithmen-die-welt-bleibt-unberechenbar-1996485.html
24. https://www.reddit.com/r/science/comments/3nyn5i/science_ama_series_stephen_hawking_ama_answers/cvsdmkv
25. Frédéric Badre: La grande Santé; Seuil, Paris, 2015
26. Fontenelle: A Monsieur C…, Lettre XII; in: Ders., Œuvres complètes, Tome I; Fayard, Paris, 1990, S. 293 f.

27. David E. Goldberg: Genetic Algorithms in Search, Optimization, and Machine Learning; Addison-Wesley, Reading (MA), 1989
28. Julien Offray de La Mettrie: L'homme machine; Frédéric Henri, Paris, 1865 (1748)
29. Voltaire: Dictionnaire, Catéchisme chinois; Garnier, Paris, 2008 (1764–1769), S. 71
30. http://www.live-counter.com/google-suchen/
31. Marvin Minsky: The Society of Mind; MIT Open Lecture, 2011 (http://ocw.mit.edu/courses/electrical-engineering-and-computer-science/6-868j-the-society-of-mind-fall-2011/video-lectures/)
32. John Oberlin et al.: Acquiring Object Experiences at Scale; 2015 (http://rll.berkeley.edu/RSS2015-BlueSky-Shakey/Oberlin-ShakeyWS-2015.pdf)
33. Will Knight: Robots Can Now Teach Each Other New Tricks; MIT Technology Review, 10/2015 (http://www.technologyreview.com/news/542821/robots-can-now-teach-each-other-new-tricks/)
34. http://tellmedave.com
35. Stanislaw Lem: Also sprach GOLEM; Suhrkamp, Frankfurt/M., 1986
36. Samuel Butler: Erewhon; Project Gutenberg eBook, 2005, transcribed from the 1910 edition (1872)
37. Ders.: Darwin Among the Machines (to the Editor of the Press, Christchurch, New Zealand, 13 June 1863)
38. Stephen Hawking et al.: Transcending Complacency on Superintelligent Machines (http://www.huffingtonpost.com/stephen-hawking/artificial-intelligence_b_5174265.html)
39. https://www.reddit.com/r/science/comments/3nyn5i/science_ama_series_stephen_hawking_ama_answers/
40. Lawrence Lessig: Code is Law; Harvard Magazine, 1.1.2000 (http://harvardmagazine.com/2000/01/code-is-law-html)

41. Statt aller: http://www.japanbullet.com/technology/drunken-man-kicks-a-pepper-robot-and-gets-arrested-in-japan
42. Graham Templeton: How Your Device Knows Your Life through Images; MIT Technology Review, 10/2015
43. Joseph Weizenbaum: Die Macht der Computer und die Ohnmacht der Vernunft; Suhrkamp Taschenbuch, Frankfurt/M., 1978 (1976)
44. Hanns Günther: Ingenieurkrieg; in: Der Krieg. Illustrierte Chronik des Krieges (1914/15); Frankh'sche Verlagshandlung, Stuttgart, 1915, S. 236 ff.
45. Ernst Jünger: Der Arbeiter. Herrschaft und Gestalt; Klett-Cotta, Stuttgart, 1982 (1932), S. 165
46. Hans Magnus Enzensberger: Wehrt Euch!; FAZ, 28.2.2014
47. Ebd.
48. Jaron Lanier: Digital Maoism: The Hazards of the New Online Collectivism; Edge, 29.5.2006 (http://edge.org/conversation/digital-maoism-the-hazards-of-the-new-online-collectivism)
49. http://www.spiegel.de/schulspiegel/wissen/erziehungswissenschaftler-wollen-informatik-als-pflichtfach-einfuehren-a-903096.html
50. Friedrich Nietzsche: Fragmente 1869–1874, Band 1, Kapitel 8 (http://gutenberg.spiegel.de/buch/fragmente-1869-1874-band-1-3258/8)
51. Nicholas M. Donofrio, Kate S. Whitefoot (Eds.): Making Value for America; The National Academies Press, Washington (DC), 2015

Zum Weiterlesen

Malcolm Atkinson et al. (Ed.): The DATA Bonanza. Improving Knowledge Discovery in Science, Engineering and Business; Wiley, Hoboken (NJ), 2013 – Reichhaltige Quelle für den, der Konzepte und Strategien von Big Data näher kennenlernen möchte.

Erik Brynjolfsson, Andrew McAfee: The Second Machine Age: Work, Progress, and Prosperity in a Time of Brilliant Technologies; Norton, New York (NY), 2014 – Untersuchung zweier amerikanischer Ökonomen über die Folgen der gegenwärtigen Automatisierung.

Elisabeth L. Eisenstein: The Printing Revolution in Early Modern Europe; Cambridge University Press, New York (NY), 2005 (1983) – Die Druckerpresse, eingebettet in die sozialen und politischen Konflikte einer Epoche, wurde von den Akteuren sehr unterschiedlich genutzt. Eisensteins Studie ist ein materialreicher Klassiker.

Lisa Gitelman (Hrsg.): »Raw Data« is an Oxymoron; The MIT Press, Cambridge (MA), 2013 – Ein Sammelband von kritischen, philosophisch und historisch informierten Essays über Datenerhebung und -bewertung.

David E. Goldberg: Genetic Algorithms in Search, Optimization, and Machine Learning; Addison-Wesley, Reading (MA), 1989 – Die klassische und immer noch bestechende Einführung in das Prinzip der Selbstoptimierung von Algorithmen; die Lektüre setzt wenig voraus, macht Spaß und regt zum Weiterdenken an: Ist eine Evolution der Artefakte möglich, und wie weit mag sie wohl gehen?

Joachim Herzberg et al.: Mobile Roboter; Springer, Heidelberg, 2011 – Soweit ich es überblicken kann, ist dies die zurzeit beste Einführung in die Robotik, gut verständlich.

Douglas R. Hofstadter: Gödel, Escher, Bach – ein Endloses Geflochtenes Band; Ernst Klett Verlag, Stuttgart, 1985 – Wer in die Denkkultur der Informatik und insbesondere der Erforschung Künstlicher Intelligenz eintauchen will, sollte dieses seit 1985 immer wieder neu aufgelegte Kultbuch lesen. Es setzt keine speziellen Vorkenntnisse voraus, nur Aufmerksamkeit.

Thierry Hoquet: Cyborg Philosophie; Seuil, Paris, 2011 – Ein unkonventioneller Pariser Philosoph über Aspekte der Cyborg-Existenz: Was sind das für Wesen, und was lernen wir von ihnen?

Patrick Lin, Keith Abney, George A. Bekey (Eds.): Robot Ethics: The Ethical and Social Implications of Robotics; MIT Press, Cambridge (MA), 2014 – Sammelband, der einen aktuellen Überblick über Roboter-Ethik bietet.

Marshall McLuhan: Die Gutenberg-Galaxis; Addison-Wesley, Bonn, Paris, Reading, 1995 (1962) – Historisch Belegtes und Unbelegtes über den Wandel der Wahrnehmungs- und Empfindungsweisen, wie sie neue Techniken mit sich bringen. Trotz des McLuhan'schen Technikdeterminismus ein ungeheuer lehrreiches Buch.

Éric Sadin: La vie algorithmique: Critique de la raison numérique; Édition L'Échappée, Paris, 2015 – Eine charakteristische Hervorbringung zeitgenössischer Technikkritik, für die Daten, Algorithmen und binäre Formate der Ausbund des Horrors sind. Anschauliches Beispiel und deshalb lesenswert.

Thorstein Veblen: The Theory of the Leisure Class: An Economic Study of Institutions; Houghton Mifflin, Boston (MA), 1973 (1899) – Kostbare Dinge als Trophäen, die Beschäftigung mit ihnen als Demonstration unabhängigen Reichtums – die klassische Studie, und witzig noch dazu.

CPi
Mehr Bäume.
Weniger CO_2.
www.cpibooks.de/klimaneutral

FSC
www.fsc.org
MIX
Papier aus verantwortungsvollen Quellen
FSC® C083411